# 일론 머스크
## 상상한 대로 이루다

김찬곤 글 · 이부록 그림

사계절

❖ 차례 ❖

프롤로그 • 8

## 1 남아프리카 공화국에서 태어나다

머스크의 고향 남아프리카 공화국 프리토리아 ••• 12
일론 오빠는 재미가 없단 말이야 ••• 15
부모님의 이혼과 비디오 게임 블래스타 ••• 21
머스크, 캐나다로 가다 ••• 26
외롭고 서러운 생일잔치 ••• 32

## 2 페이팔, 돈을 저장하고 보내다

스물다섯 살 머스크의 첫 창업 ••• 38
Zip2, 3600억 원 회사가 되다 ••• 40
온라인 금융 서비스 엑스닷컴 ••• 43
닷컴 열풍의 신화, 페이팔 ••• 49

## 화성에 가려는 남자

이건 뭔가 잘못된 거야 ••• 56
우리가 직접 로켓을 만들면 되잖아! ••• 61
팰컨 1호, 세 번째 발사도 실패! ••• 64
머스크의 아내 저스틴과 라일리 ••• 72
벤처 기업 스페이스엑스, 로켓을 쏘아 올리다! ••• 74
우주선 드래건, 우주 정거장에 음식을 배달하다 ••• 76
우주 항공 시장 한 해 규모는 2000억 달러 ••• 81
로켓 개발비, NASA의 10분의 1 ••• 82
로켓 재활용의 시대를 열다 ••• 88
화성으로 가는 로켓 팰컨 헤비 ••• 90

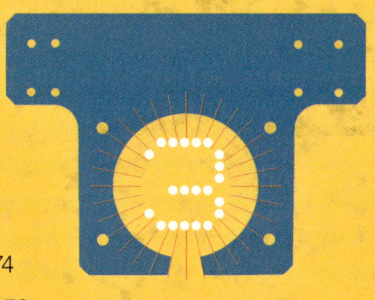

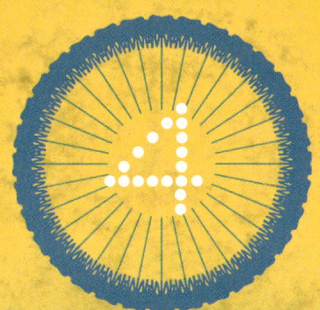

## 전기 자동차 회사 테슬라 모터스

스트라우벨과 에버하드와 머스크 ••• 96
테슬라의 첫 차 로드스터 ••• 101
테슬라의 고급 승용차 '모델S' ••• 107

## 태양 에너지 회사 솔라시티와 진공 열차 하이퍼루프

태양 에너지를 잡아라! ••• 114
하이퍼루프, 서울에서 부산까지 16분 ••• 119

에필로그 _ 그는 오늘도 새로운 일을 벌이고 있다! • 124

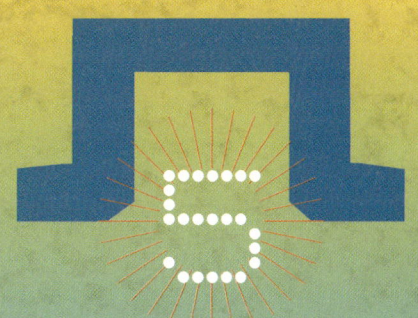

··· 일론 머스크

태양 에너지로 전기를 만들고……
그 전기로 자동차가 굴러가고……
로켓을 타고 가 화성에 새로운 세상을 열고……
이제 눈 깜짝할 사이에 도시를 이동하는 건 일도 아니다.
일론 머스크, 그는 오늘도 내일도 새로운 일을 벌이고 있다.

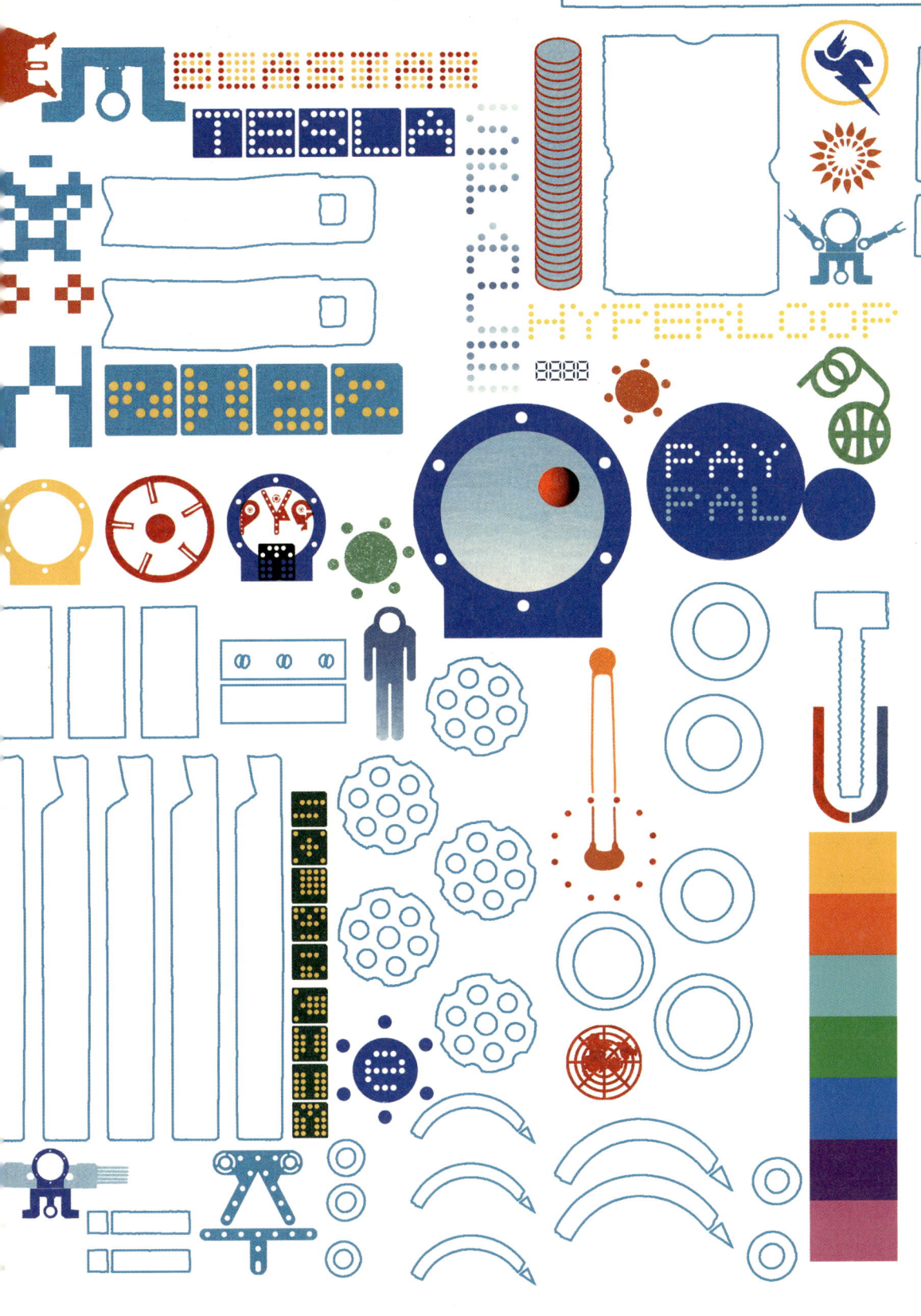

남아프리카 공화국에서 태어나다

## 머스크의 고향 남아프리카 공화국 프리토리아

머스크는 남아프리카 공화국 요하네스버그에서 자동차로 한 시간 거리에 있는 북동부 프리토리아에서 태어났다. 머스크의 집은 아주 부자였기 때문에 아무 걱정거리 없이 자랐다. 남아프리카 공화국에서 부유한 백인들은 흑인이나 혼혈인 가정부의 시중을 받으며 안락하고 느긋한 삶을 누린다. 그들이 즐겨 쓰는 말 가운데 "지금 당장 이 일을 해야겠어!" 하는 말은 지금 당장 하겠다는 말이 아니다. 앞으로 다섯 시간 안에 하겠다는 말이다. 그만큼 백인들의 삶은 여유롭고 한가하다.

머스크가 태어나 고등학교까지 보낸 남아프리카 공화국은 백인의 흑인에 대한 인종 차별로 한시도 조용할 날이 없었다. 그가 고등학교를 졸업하고 곧바로 캐나다로 떠난 것도 어쩌면 이런 사정 때문이었을 것이다. 어수선한 조국에서는 자신이 꿈꿔 왔던 것을 제대로 할 수 없을 것 같은, 그런 막연한 두려움이 마음속 깊이 늘 자리하고 있었을지도 모른다. 또한 캐나다와 미국을 기회의 나라이자 꿈을 이룰 수 있는 무대로 생각했을 것이다.

머스크의 외할아버지 조슈아는 캐나다에 살 때도 그랬지만 남아프리카 공화국에 와서도 조그만 소형 비행기로 아프리카 곳곳을 여행하고, 또 아프리카를 넘어 북유럽과 오스트레일리아까지 여행한다.

머스크는 외할머니를 이렇게 기억한다.

"외할머니는 여행하다가 몇 번이나 죽을 고비를 넘겼다고 해요. 그때는 무선 통신기도 없었고, 항공 지도도 없었어요. 그야말로 그냥 맨몸으로 비행기를 몬 거지요. 외할아버지와 외할머니는 탐험과 모험을 즐겼어요."

머스크는 거침없이 나아가는 자신의 발걸음이 외할아버지와 외할머니를 닮았다고 믿고 있다. 머스크의 어머니 메이는 이러한 외할아버지와 외할머니 밑에서 자랐다. 메이는 수학과 과학 성적이 아주 뛰어났다. 메이가 열다섯이 되었을 때에는 마을에서 가장 눈에 띄는 학생이었다. 엷은 금발에 키가 훌쩍 컸고 아주 미인이었다. 어디에 있든 사람들의 눈을 사로잡았다. 모델 학교에서 수업을 듣고 주말마다 패션쇼에 나가고, 잡지 사진을 찍기도 했다. 그러다 마침내 남아프리카 공화국 미인 대회에 나가 최종 후보까지 오른다. 그때부터 메이는 모델 일을 했다. 나중에 캐나다와 미국에 와서도 모델 일을 한다. 《뉴욕》이나 《엘르》 같은 유명 잡지의 표지 모델을 하고 비욘세의 뮤직비디오에도 출연한다. 2017년 현재 70세이지만 지금도 여전히 모델 일을 하고 있다. 또 아주 유명한 영양학자이기도 하다. 메이는 모델 일을 하면서 수많은 회사와 기관을 돌아다니며 영양학 강의를 하고 있다.

머스크의 아버지 에롤 머스크는 메이와 같은 마을에서 자랐다.

둘은 나이가 같았다. 에롤은 또래들에게 아주 멋진 아이로 통했고 인기도 많았지만 그의 마음은 오직 메이에게만 꽂혀 있었다. 둘은 대학 때 가끔 데이트를 했다. 에롤이 메이에게 7년 넘게 결혼해 달라고 쫓아다녔고 마침내 허락을 받는다.

　에롤과 메이는 1970년에 결혼하고 그 다음 해 1971년 6월 28일 일론 머스크가 태어난다. 에롤은 기계 전기 엔지니어로 일하면서 사무실 건물, 소매점 복합 건물, 주택 단지, 공군 기지 같은 대형 건설 사업을 맡았고, 메이는 다이어트 전문 강사로 일했다. 1년 뒤 남동생 킴벌이 태어났고, 그리고 곧 여동생 토스카가 태어났다.

일론의 어머니 메이 머스크. 현재 70살인 그녀는 여전히 모델로 활동하고 있다.

### 일론 오빠는 재미가 없단 말이야

🐜 12월, 남아프리카 공화국 프리토리아에 여름이 시작되고 있었다. 엊그제 비가 흠뻑 내려 땅속에서 매미가 올라와 이제 막 허물을 벗고 울기 시작했다.

"우웽 우웽 우웽 우웽."

한여름에 견주면 소리가 작다. 아직 아기 매미여서 소리를 제대로 내지 못하는 것이다.

머스크는 부엌 식탁에서 빵을 먹다 말고 밖을 내다보고 있었다. 매미 소리보다 더 크게 들리는 것이 있었다.

바로 제비 소리였다. 한 무리 제비가 전깃줄에 앉아 뭐라 뭐라 시끄럽게 소란스러웠다.

"찌비찌비찌비 쪽찌비 찌비찌비찌비 쪽찌비."

제비 한 마리가 전깃줄을 놓고 다이빙을 하는 것처럼 바닥으로 날았다. 제비는 땅바닥에서 1미터 높이에서 고개를 쳐들고 바닥과 수평을 이루며 날았다. 앞에 나무가 있을 때는 옆으로 비켜 날았고, 담장이 앞에 있으면 하늘로 솟구쳐 올랐다. 순식간이었다. 머스크는 그런 제비의 날갯짓이 그저 놀라울 뿐이었다. 제비를 볼 때 자신도 마치 제비가 되어 날아올랐다. 바람을 가르는 느낌이 들었다. 머리와 귓불을 스쳐 가는 바람이 느껴졌다. 특히 땅과 수평을 이루며 날다 담 바로 앞에서 솟구쳐 올랐을 때는 가슴이 펑 터지는 듯했다.

아주 상쾌하고 짜릿했다.

"일론, 일론, ······일론!"

"······."

어머니 메이가 부르는데도 머스크는 밖을 내다보고 있을 뿐이었다. 메이가 머스크 어깨를 가볍게 툭툭 쳤다.

"일론, 빵 먹다 말고 뭐 하니?"

그때야 머스크는 어머니를 바라봤다. 어머니는 머스크를 '일론'이라 불렀다. '일론 머스크'에서 '일론'은 머스크의 증조외할아버지 '존 일론 할데만'에서 온 이름이다. 물론 '머스크'는 아버지 이름 '에롤 머스크'에서 왔다. 어머니는 '일론 머스크'에서 외가의 뿌리가 닿아 있는 '일론'을 더 좋아했다. 물론 머스크보다 '일론'이 소리 내어 부르기 좋았고, 소리 느낌도 훨씬 부드럽다.

"일론, 넌 대체 뭘 보고 있는 거니?"

"아니, 저······, 제비를······."

"아까부터 너를 몇 번이나 부른지 아니?"

"······."

머스크는 어렸을 때 이런 적이 한두 번이 아니었다. 밥을 먹다가도, 식구들과 텔레비전을 보다가도 딴생각을 했다. "일론!" 하고 큰 소리로 불러도 끄떡없었다. 어머니와 아버지는 일론의 귀에 무슨 문제가 있는지 걱정이 되어 이비인후과에 가 검사를 하고 귀 수술까지 했다. 하지만 귀에는 아무 문제가 없었다. 그것은 귀의 문제라기보다는 머스크의 남다른 상상력이나 집중력이 원인이었다. 머스크는 어느 하나에 집중하면 다른 것이 눈에 들어오지 않고 어떤 소리도 귀에 들리지 않았다. 그만큼 집중력이 남달랐다고 할 수 있다.

머스크의 어린 시절을 떠올릴 때 어머니도 동생들도 똑같이 드는 것이 하나 있다. 바로 머스크의 엄청난 독서력이다. 책을 그냥 좋아하기보다는 아주 책 속에서 살았다고 하는 것이 맞을 것이다. 하루 스물네 시간 가운데 잠자는 시간 열 시간과 먹고 씻는 시간을 빼고는 모두 책을 읽는 데 썼다. 하루 열 시간 이상 책을 읽었고 토요일과 일요일에는 하루에 서너 권씩 읽었다.

하루는 어머니 메이가 아이들을 데리고 쇼핑을 간 적이 있다.

남동생 킴벌도, 여동생 토스카도 오랜만에 쇼핑을 하니 정신이 없었다. 킴벌은 야구 방망이와 글러브를 사 달라 졸랐고, 토스카는 리본 달린 구두를 사고 싶다고 했다. 하지만 머스크는 이런 것에 통 관심이 없었다.

"일론, 너도 사고 싶은 것 있으면 얼른 말해."

"저는……, 특별히 없어요."

그랬다. 머스크는 사고 싶은 것이 특별히 없었다. 이때 머스크는 책에 온 마음이 꽂혀 있었기 때문에 다른 것이 눈에 들어오지 않던 것이다.

어머니와 킴벌, 토스카는 쇼핑에 정신이 팔려 머스크가 사라진 줄도 몰랐다.

어머니가 킴벌에게 물었다.

"킴벌, 형 어딨니?"

"보나 마나 서점에 가 있겠죠."

킴벌의 짐작이 맞았다. 서점에 가 보니 머스크는 구석 바닥에 앉아 책을 읽고 있었다. 머스크는 오후 두 시에 수업이 끝나면 곧장 서점으로 달려갔다. 먼저 만화책과 소설책을 훑고, 그 다음에는 논픽션 책으로 넘어갔다. 이따금 서점에서 쫓겨나기도 했다.

학교 도서관도 마을 도서관도 머스크 차지였다. 얼마 지나지 않아 도서관 책을 모조리 읽어 버렸다. 책을 자주 읽다 보니 저절로 속독이 되어 버린 것이다. 킴벌이 하루 걸려 읽을 책을 머스크는 한 시간이면 읽을 수 있었다. 책을 읽으면 읽을수록 그 속도는 빨라졌다. 머스크는 도서관 사서에게 책을 더 주문해 달라고 부탁한다. 그래도 성이 차지 않자 이번에는 백과사전을 읽기 시작했다. 그때 《브리태니커 백과사전》을 읽었는데 아주 많은 도움이 되었다. 사람들은 자신이 무엇을 모르는지 잘 모른다. 그런데 백과사전은 자신이 모르는 것이 무엇인지 일러 주고 낱낱이 가르쳐 주었다.

어머니 메이의 기억에 따르면 머스크는 마치 스캐너 같았다. 책 낱장을 그대로 스캔하여 머릿속에 기억하는 것이다. 그러니 어린 나이인데도 거의 만물박사라 할 만했다.

어느 날 식구들이 저녁을 먹을 때였다. 그때는 보름인지라 밤하늘에 보름달이 텀부렁 떠올라 있었다. 토스카가 지나가는 말로 말했다.

"보름달이 엄청 큰데? 대체 달이 얼마나 가까이 있는 거야?"

그때였다.

"지구 중심에서 달까지 가장 가까울 때는 35만 6509킬로미터이고, 가장 멀 때는 40만 6000킬로미터야."

"……."

토스카와 킴벌은 아무 말도 하지 않았다. 속으로 '뭐래!' 하는 낯빛이었다. 이 일이 있은 뒤부터 집에서는 뭐가 궁금한 것이 있으면 머스크에게 물었다.

어린 시절 머스크는 독특한 만큼 외롭게 지냈다. 어느 누구도 머스크와 놀려 하지 않았다. 킴벌과 토스카는 친구들을 자주 집에 데려왔지만 머스크는 그런 적이 한 번도 없었다.

보다 못해 어머니가 동생들에게 한마디 했다.

"킴벌, 토스카! 일론하고도 같이 놀렴."

토스카가 소리쳤다.

"하지만 엄마, 일론 오빠는 재미가 없단 말이야."

어머니는 더 이상 뭐라 할 수 없었다. 그래서 그저 그런 말 한마

■■■ 왼쪽부터 일론, 킴벌, 토스카

디만 하고 말았다.

"그래도……, 오빠랑 같이 놀아야지."

어렸을 때 일론은 학교에서도 집에서도 외톨이였지만 나이가 들면서부터는 형과 오빠 노릇을 아주 톡톡히 한다. 학교에서는 여전히 따돌림을 받았지만 집에서만큼은 동생들과 잘 어울렸고 언제나 일을 벌였고 동생들은 그런 오빠와 형을 잘 따랐다.

### 부모님의 이혼과 비디오 게임 블래스타

❖❖ 초창기 머스크 식구들은 별 탈 없이 아주 잘살았다. 아버지 에롤의 사업이 엄청나게 잘 풀려 프리토리아에서 가장 큰 집에서 살았다. 그런데 이런 행복한 삶도 곧 멈춰 버리고 만다. 머스크가 여덟 살이 되었을 때 아버지와 어머니가 이혼을 하기 때문이다.

어머니는 세 아이들을 데리고 남아프리카 공화국 동해안 항구 도시 터반에 있는 별장으로 거처를 옮긴다. 이곳에서 세 남매는 어머니와 지낸다.

두 해 남짓 지났을 때이다. 머스크가 어머니에게 어렵게 말을 꺼낸다.

"어머니, 이곳에서 어머니와 동생들과 같이 사는 것도 좋지만 저는 아버지 곁에 가 있을게요. 그래야 할 것 같아요."

어머니는 눈을 둥그렇게 뜨고 머스크를 뚫어져라 바라봤다. 이 애가 또 왜 이러나 싶었다.

"아니, 갑자기……, 왜 그런 생각을 하게 됐지?"

머스크는 곧바로 대답하지 않았다. 어머니에게 조금이라도 서운한 말을 하게 되면 그 말이 평생 가슴에 박힐 것이라는 걸 알기 때문이다. 머스크는 비록 나이가 어리지만 세상에 나온 책을 거의 다 읽었고, 부모님의 이혼을 겪으면서 마음 씀씀이가 부쩍 자라 있었다.

"우리는 여기서 네 식구가 잘 지내고 있지만 아버지 곁에는 아무도 없잖아요."

머스크는 이렇게 말한 다음 그 뒤에 이 말을 더하고 싶었다.

'이것은 불공평해요.'

하지만 머스크는 끝내 이 말을 하지 않는다. 어머니에게 상처가 되는 말이기 때문이다.

어머니는 머스크의 마음을 온전히 알 수는 없었다. 하지만 서운하기는 했다. 어머니는 아버지와 이혼한 뒤 터반에서 다이어트 전문 강사로 일했다. 그러면서 세 아이를 당차게 키워 오고 있었던 것이다. 그런데 큰아들 머스크가 아버지에게 간다고 하니 여간 서운한 게 아니었다. 하지만 어머니는 머스크를 잘 알고 있었다. 머스크는 자신이 옳다고 생각하면 굽힐 줄 모르는 아이라는 것을.

머스크가 아버지에게 간 뒤 머지않아 동생 킴벌도 아버지에게로 온다. 아버지 집에서 지내는 생활은 겉에서 보면 아주 근사하다. 아버지에게는 돈이 있고, 그래서 읽고 싶은 책이 있으면 바로 살 수 있다. 사고 싶은 것이 있으면 언제든지 말만 하면 된다. 게다가 아버지는 두 아이들을 데리고 세계 곳곳을 여행했다. 또 아버지 작업장에 가서 벽돌을 쌓고, 창문을 끼워 맞추고, 전선 잇는 것을 배웠다. 이런 일은 책에서도 배울 수 없는 것이었다.

아버지는 아주 재능 있는 엔지니어였고, 두 아들이 기계의 작동

원리를 알았으면 했다. 그래서 어떤 날은 두 아들을 앞에 앉혀 놓고 서너 시간 강의를 했다. 이때 두 아들은 입도 벙긋 못했다. 킴벌은 견디기 힘들었지만 머스크는 그런대로 참을 만했다. 또 아버지의 강의는 책에서도 보지 못한 것이었다.

머스크는 요하네스버그 샌드턴 시티 몰에서 컴퓨터를 난생처음 보았다. 그때는 가정용 컴퓨터가 나온 지 얼마 되지 않았던지라 컴퓨터 전문 매장이 따로 없었다. 전자 제품을 파는 가게에 한두 대쯤 있는 것이 다였다.

머스크는 컴퓨터를 보았을 때 느낌을 지금도 잊지 못한다. 그야말로 온몸이 찌릿했다. 더구나 전에 책에서 읽은 적이 있기 때문에 더 남달랐다. 이것만 있으면 자신이 마음먹은 대로 프로그램을 짤 수 있기 때문이다.

"아버지, 이 컴퓨터 사 주세요. 저한테는 꼭 필요한 거예요."

아버지는 뛰어난 엔지니어였지만 컴퓨터에 대해서는 아는 것이 하나도 없었다. 또 아주 깔보기까지 했다. 고작 게임을 하는 장난감쯤으로만 알고 있었다. 컴퓨터로는 집도 지을 수 없고 전기 배선도 할 수 없다고 했다. 하지만 아들이 자꾸 조르자 마지못해 사 주었다. 이렇게 해서 머스크는 열 살 때 가정용 컴퓨터를 손에 넣을 수 있었다. 그때 컴퓨터의 기억 용량은 5킬로바이트였고, 프로그래밍 언어를 연습하는 문제집이 부록으로 딸려 나왔다. 보통 컴퓨터를

어느 정도 아는 사람도 이 문제집을 다 풀려면 6개월가량 걸렸다. 그런데 머스크는 한숨도 자지 않고 꼬박 매달린 끝에 단 사흘 만에 끝장을 보았다.

2015년 머스크는 소셜 뉴스 공유 사이트 레딧(Reddit)과 한 인터뷰에서 이런 질문을 받는다.

"가장 좋아하는 게임은 뭐지요?"

그는 잠깐 머뭇거렸다.

"딱 하나만 고르긴 어렵습니다. 그래도 굳이 말하라 한다면, 저는 '바이오쇼크'나 '폴아웃' 같은 1인칭 슈팅 게임을 좋아하고, '워크래프트' 같은 문명 시리즈 광팬입니다."

머스크는 어렸을 때도 게임을 아주 좋아했다.

1984년, 그러니까 아버지를 졸라 가정용 컴퓨터를 산 지 세 해 뒤의 일이고, 머스크의 나이 열네 살 때이다. 이때 그는 비디오 게임 '블래스타'를 만들어 남아프리카 공화국 컴퓨터 잡지 《PC와 사무 기술》에 실린 적이 있다.

오늘날의 게임은 모니터에서 아이콘을 클릭하면 화면에 바로 뜨지만 그때만 하더라도 이런 게임을 시작하려면 일일이 명령어를 쳐 넣어야 했다. 머스크의 '블래스타'만 하더라도 167줄이나 되는 명령어를 써넣어야 비로소 게임 화면이 모니터에 떴다.

컴퓨터 잡지 《PC와 사무 기술》은 머스크에게 500달러(약 56만 원)

를 주고 '블래스타' 게임 소스 코드를 잡지에 실었다. 이 일은 그가 이 세상에 태어나 컴퓨터로 프로그램을 짜 처음으로 번 돈이었다.

### 머스크, 캐나다로 가다

머스크는 중·고등학교 때에도 외톨이었다. 특별히 눈에 띄는 학생도 아니었다. 중학교에 다닐 때에는 이런 일도 있었다.

어느 날 오후 머스크는 킴벌과 층계에 앉아 햄버거를 먹고 있었다. 그런데 어떤 아이가 머스크의 머리를 발로 찼다. 머스크는 층계를 떼굴떼굴 굴렀다. 다른 녀석들은 머스크의 옆구리를 발로 차고 머리를 땅바닥에 후려쳤다.

킴벌은 그때 일을 이렇게 기억한다.

"형이 죽을까 봐 겁이 났어요. 형은 권투 경기를 막 끝낸 사람처럼 보였어요."

이 일로 머스크는 코뼈가 부러졌고 코 성형 수술을 받는다.

그 뒤로도 머스크는 3~4년 동안 괴롭힘을 당한다. 이뿐만이 아니었다. 그 녀석들은 머스크와 친하게 지내는 동무들을 때리고 머스크와 더 이상 놀지 않겠다는 맹세까지 받아 냈다.

고등학교 때는 사정이 좀 달라졌다. 키가 크고 몸집이 불었기 때문이다. 키가 185센티미터나 되었고, 아버지를 닮아 어깨가 떡 벌어져 앞에서 보면 그보다 훨씬 더 커 보였다. 그래서 중학교 때처럼 함부로 대하지는 않았다.

고등학교 때 같은 반 학생들은 머스크를 이렇게 기억한다.

"학교에서 매우 총명하다던 학생이 네댓 명 있었는데, 거기에 머스크는 끼지 못했어요."

"솔직히 머스크가 억만장자가 될 것 같은 특별함은 없었죠."

"머스크는 학교에서 한 번도 친구들을 앞에서 이끌지 못했어요. 나중에 그가 하는 일을 보고 깜짝 놀랐지요."

머스크를 특별하게 기억하는 친구는 없었지만 고등학교 때 몇 가지 사례는 지금의 그가 하늘에서 갑자기 뚝 떨어진 것이 아니라는 것을 말해 준다.

"어느 날 머스크가 학교에 로켓 모형을 가져와서 쉬는 시간에 쏘아 올린 적이 있어요."

"과학 토론 수업이었어요. 머스크가 태양열 발전을 해야 한다고 하는 거예요. 화석 연료 쓰는 것을 아주 맹렬하게 비판했지요."

"사회 시간에 은행에 대해 공부할 때였어요. 머스크가 일어나더니 선생님에게 묻더군요. 종이 서류나 장부가 없는 은행이 가능하지 않느냐고요. 또 마을마다 은행 지점이 꼭 있어야 하느냐고도 했죠. 선생님은 눈을 둥그렇게 뜨고 머스크를 바라볼 뿐이었어요. 오늘날의 텔레뱅킹이나 인터넷 뱅킹을 생각하면 그때 머스크는 벌써 이런 현실을 예측했다고 할 수 있죠."

대학을 졸업하고 실리콘 밸리에서 한 인터넷 금융 결제 사업도, 오늘날 그가 하고 있는 우주 항공 기업 스페이스엑스와 태양광 발전 회사 솔라시티도 결코 우연한 것이 아니라는 것을 말해 준다.

머스크가 다녔던 프리토리아 남자 고등학교는 공립 학교였지만 사립 학교에 가까웠다. 이 학교는 영국의 옥스퍼드나 케임브리지 대학교에 학생들을 많이 보내는 학교로 유명했다. 하지만 머스크는 수학과 컴퓨터 말고는 성적이 딱히 좋지 않았다. 그래서 머스크는 프리토리아 대학교 물리학과에 입학한다.

이때 머스크는 아주 중요한 결정을 한다.

남아프리카 공화국 백인 남자는 열여덟 살이 되면 군대에 가야 한다. 머스크는 이때 열일곱 살이었는데, 바로 내년이면 군대에 가야 할 형편이었다.

머스크는 아버지에게 자신의 속마음을 털어놓는다.

"아버지, 여기서는 희망이 안 보여요. 우리나라는 150년도 넘게 백인과 흑인이 싸우고 있잖아요. 사실 남아프리카 공화국은 원래 흑인들의 땅이었고요. 저는 내년에 군대에 가야 해요. 백인들의 정부를 지키는 군인이 되는 것이죠."

머스크의 말처럼 이때 남아프리카 공화국은 백인과 흑인의 갈등이 최고 정점에 이르렀다. 흑인들의 지도자 넬슨 만델라는 종신형을 받고 로벤섬 감옥에 갇혀 있었다. 백인 정부는 그를 국민들로부터 완전히 떼어 놓기 위해 일부러 섬 감옥에 가둔 것이다. 흑인들은 거리에서 넬슨 만델라의 석방을 외쳤다. 남아프리카 공화국은 불안했다. 마치 잔뜩 부풀어 오른 풍선 같았다. 백인 기업들도 하나둘 남아프리카 공화국을 떠날 채비를 하고 있었다.

아버지도 아들의 앞날이 걱정되기는 마찬가지였다. 하지만 자신처럼 아들이 엔지니어가 되었으면 했다. 그는 성공한 사업가이고 프리토리아에서도 알아주는 엔지니어였다.

"그래, 너는 어떻게 할 생각이냐? 내 생각에는 네가 좋아하는 물리학과에도 들어갔으니까, 군대 마치고 나서 마저 공부하면 좋겠는데……."

"저는 우리나라를 떠나고 싶어요. 여기서 대학을 마쳐도 앞이 안 보여요. 기회가 있는 곳으로 가고 싶어요."

"그럼 생각하고 있는 나라는 있는 거니?"

"캐나다로 가고 싶어요."

머스크가 미국이 아닌 캐나다를 생각했던 것은 시민권을 얻을 수 있었기 때문이다. 어머니는 캐나다에서 태어나 남아프리카 공화국으로 왔기 때문에 시민권이 있었다. 그런데 얼마 전 캐나다 정부가 부모의 시민권을 자식에게 줄 수 있다는 법을 통과시킨 것이다. 또 캐나다에 어머니의 친척도 있었다.

이날 아버지 에롤은 부모로서 가장 힘들고 중요한 결정을 내린다. 어쩌면 이날의 결정이 지금의 머스크를 만들지 않았나 싶다.

"좋다, 허락한다. 그 대신 나는 너에게 한 푼도 주지 않을 것이다. 거기 가서 너는 스스로 벌어서 공부해야 한다. 나에게도 어머니에게도 기대지 마라. 혼자서 모든 것을 해결해야 한다. 그럴 자신이 있으면 가도 좋다!"

머스크는 깜짝 놀랐다.

아버지가 이렇게까지 나올 것이라고는 상상도 하지 못했기 때문이다. 사실 머스크는 지금까지 한 번도 불편하게 살아 보지 않았다. 잘나가는 사업가 아버지 밑에서 그야말로 풍족하게 살았다. 사고 싶은 것, 먹고 싶은 것, 입고 싶은 것, 이 모든 것을 마음껏 누리며 살았다. 그런데 그 머나먼 캐나다에 가서 학비를 벌어야 하고, 먹고 자는 것도 스스로 해결해야 한다는 것이다. 하지만 머스크는 아버지의 말을 듣고 단 한순간도 머뭇거리지 않았다.

"아버지, 그렇게 할게요. 가서 스스로 해 볼게요!"

머스크는 그날로 프리토리아 대학교에 자퇴서를 낸다. 여기서 한 가지 의문이 드는 것이 있다. 왜 머스크는 인터넷 강국 미국으로 가지 않았을까, 하는 점이다. 캐나다 시민권 문제도 있었지만 그럴 만한 까닭이 있었다.

그때는 지금처럼 인터넷 환경이 제대로 갖추어져 있지 않았다. 빌 게이츠의 '윈도 95' 버전만 하더라도 1995년에 나왔다. 지금의

구글이나 네이버 같은 인터넷 포털 사이트 야후도 1995년부터 서비스를 시작했다. 이렇게 봤을 때 1995년은 세계 인터넷 사업이 본격으로 시작된 해라 할 수 있다. 그리고 이러한 인터넷 사업의 메카는 미국의 실리콘 밸리였고, 그 가운데서도 스탠퍼드 대학교였다. 하지만 머스크가 캐나다로 떠나는 1988년은 아직 그러한 것이 눈에 보이지 않았고 사업 가능성도 거의 없는 시기였다. 물론 머스크가 캐나다로 떠날 때 그러한 것이 조금씩 시작되기는 했다. 그리고 머스크 또한 곧 미국의 스탠퍼드 대학교에 가게 되고, 세계 인터넷 사업 붐을 일으키는 한복판에 들어서게 된다.

### 외롭고 서러운 생일잔치

1988년 6월, 머스크는 캐나다 몬트리올에 도착해 전화번호부를 뒤진다. 이곳에 작은외할아버지가 살고 계시기 때문이다. 어렵게 번호를 찾아 전화를 했지만 받지 않았다. 머스크는 어머니 메이에게 전화를 건다.

"어머니, 외할아버지가 전화를 받지 않아요. 이제 어떻게 하죠?"

"네가 캐나다로 떠난 뒤 외할아버지한테 연락이 왔는데, 지금 미네소타에 계신다고 하더구나. 일단 여기서도 외가 친척들을 알아볼 테니 너도 네 나름대로 해결책을 찾아보았으면 한다."

첫 계획부터 차질이 생겼다. 당장 머물 곳이 없어진 것이다. 이때부터 머스크의 고생길은 시작된다. 머스크는 캐나다 곳곳을 돌아다니며 별의별 일을 하면서 1년을 보낸다.

서스캐처원 어느 농장에 취직해 채소를 가꾸고, 부삽으로 곡식을 자루에 담는 일을 한다. 배가 고플 때는 오렌지로 허기진 배를 채웠다. 이곳 농장에서 새로 사귄 사람들과 열여덟 번째 생일 케이크를 나누어 먹었다. 곁에 사람은 있었지만 외롭고 서러운 생일잔치였다.

그 뒤 밴쿠버에서는 동력 사슬톱으로 통나무를 잘랐다. 머스크가 이때 한 여러 일 가운데서 가장 힘든 일은 제재소 보일러 청소 일이었다. 이 일은 시급 18달러(약 2만 1000원)짜리 일이었다. 다른 일에 견주면 일당이 아주 셌다. 이 일을 하려면 몸을 보호하는 두꺼운 옷을 입어야 한다. 그런 다음 한 사람만 겨우 들어갈 수 있는 터널에 들어가 바닥과 벽에 붙어 있는, 찐득찐득한 그을음을 부삽으로 뜯어내 손수레에 싣고 나와야 한다. 이때에도 터널 안으로 뜨거운 김이 올라와 30분 이상 그 안에 있으면 목숨을 잃을 수도 있다. 월요일에 30명이 시작했지만 점점 줄어들었다. 하루 일하고 못 견디고 나가는 친구도 있었다. 주말에는 머스크와 다른 두 사람만 남았다. 그만큼 힘들었다.

머스크가 이렇게 고생을 하고 있을 때 남아프리카 공화국에서 어머니와 킴벌과 토스카가 캐나다로 건너왔다. 다시 네 식구가 한

자리에 모인 것이다. 어머니는 영양사 일을 다시 시작하고, 머스크는 1989년 온타리오주 킹스턴에 있는 퀸스 대학교 경영학과에 들어간다.

머스크와 킴벌은 이때 아주 재미난 일을 벌인다. 신문을 읽어 가며 만나고 싶은 사람을 골라 전화를 걸어 점심을 같이하자고 하는 것이다. 여기에는 프로 야구 선수도 있고 유명한 소설가나 은행장도 있었다. 이 가운데 은행 관료 피터 니콜슨이 있다. 머스크는 니콜슨에게 전화를 걸어 점심을 같이 먹자고 한다. 어렵게 허락을 받고 머스크와 킴벌은 세 시간 동안 기차를 타고 니콜슨을 찾아간다. 니콜슨은 두 형제를 만난 소감을 이렇게 밝힌 적이 있다.

"형제와 얘기를 나누면서 깊은 인상을 받았어요. 결단력이 있고 아주 대단한 젊은이들이었죠. 한마디로 거침이 없었어요."

이 만남이 있고 난 뒤 니콜슨은 여름 방학 전에 머스크에게 은행 인턴 자리를 추천해 준다. 니콜슨과의 인연으로 하게 된 은행 인턴 일은 나중에 전자 금융 결제 시스템을 짤 때 소중한 경험이 된다.

머스크는 중·고등학교 때하고는 달리 모든 과목을 열심히 한다. 경영학을 깊이 공부하고 연설 대회에도 나간다. 또 경쟁을 피하지 않고 당당히 맞선다.

1992년 그는 퀸스 대학교 경영학과 2년을 마친 다음 장학금을 받고 미국 명문 대학 펜실베이니아 대학교로 전학을 간다. 여기서 그는 경영학뿐만 아니라 물리학을 공부한다. 더구나 중·고등학교 때부터 물리에 관심이 많았기 때문에 물리학 전공 학생들과 자주 어울린다. 그는 이곳에서 태양열 발전에 대해 깊이 공부하고, 또 논문과 책을 스캔하여 이것을 문자로 읽어 들여 데이터화 할 수 있는 과정을 연구한다. 오늘날의 구글 북스와 구글 스칼라 같은 것이다. 또 짧은 시간에 높은 출력을 낼 수 있는 슈퍼 축전기에 대한 연구 논문도 발표한다. 이것은 테슬라 전기 자동차에서 아주 중요한 기술 가운데 하나이다. 이때부터 그는 인터넷과 태양열 같은 자연 에너지를 고민했다고 볼 수 있다.

1994년, 머스크는 펜실베이니아 대학을 졸업한다. 이때 우리나라 네이버 같은 포털 사이트 야후와 인터넷 브라우저 넷스케이프가 막 떠오를 때이다. 이때 머스크는 슈퍼 축전기를 생산하는 회사의 연구원으로 들어가 일하고, 비디오 게임 회사에서 게임 개발자로 일하기도 한다.

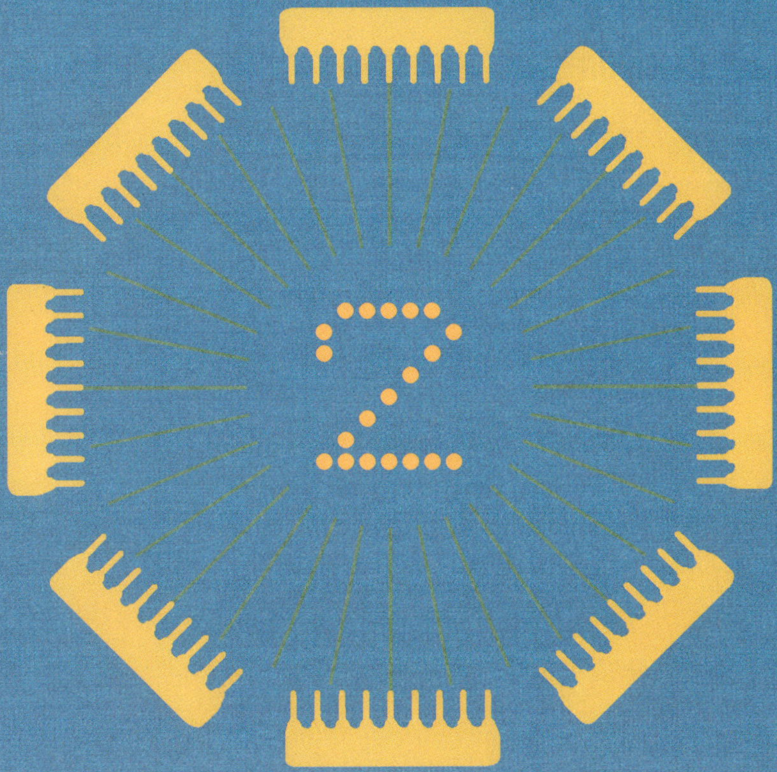

페이팔, 돈을 저장하고 보내다

### 스물다섯 살 머스크의 첫 창업

▎1995년 여름 머스크와 동생 킴벌은 인터넷의 사업 가능성이 무궁무진하다는 것을 알고 창업을 하기로 결심한다.

둘은 앞으로 사람들이 사업을 시작할 때 인터넷을 통해 자신의 사업체를 알리고 수익을 거둘 수 있는 시대가 왔다는 것을 깨닫는다. 여기서 사업체는 아주 큰 기업에서부터 마을 음식점이나 옷 가게 같은 작은 사업장을 말한다. 예를 들면 이런 것이다. 광주광역시 북구 일곡동에 사는 철수가 포테이토피자를 먹고 싶었다. 그래서 네이버에 들어가 '피자 일곡동'을 검색한다. 그러면 일곡동에 있는 피자집이 쭉 나오고, 전화번호와 지도까지 볼 수 있다. 거리뷰도 있어 그 위치가 어디인지 정확히 알 수 있다. 바로 이런 서비스를 하려고 한 것이다. 지금은 네이버나 다음 같은 포털 사이트에서 모두 서비스하고 있지만 그때만 하더라도 이런 것은 상상도 할 수 없었다.

머스크와 킴벌이 처음으로 창업한 회사 이름은 '글로벌 링크 인포메이션 네트워크'였다. 내게 필요한 사업체 정보를 연결해 주는 사이트라는 뜻이다. 이때 머스크의 나이 스물다섯이었고, 킴벌은 스물넷이었다. 사무실은 56제곱미터 넓이였다. 아파트 34평의 절반 크기인 17평쯤 되는 셈이다. 사무실은 3층에 있고, 당연히 승강기는 없었다. 변기가 자주 막히는, 그야말로 허름한 사무실이었다. 이때 아버지 에롤 머스크가 두 아들의 창업을 위해 2만 8000달러

(약 3300만 원)를 보탠다. 이 돈은 사무실을 얻고 장비를 사자 금방 바닥났다. 둘은 석 달 동안 사무실에서 먹고 잤다. 샤워는 사무실 가까이에 있는 YMCA 화장실에 가서 했다. 사업체를 찾아다니며 영업을 할 직원도 몇 사람 뽑았다.

그때 머스크는 직원들에게 이렇게 부탁한다.

"아침에 오면 자고 있을 거예요. 그러면 미안해하지 말고 발로 툭툭 차서 깨워 주세요."

⋯ 함께 창업한 일론과 킴벌

머스크는 서비스 프로그램을 짰고, 킴벌은 붙임성이 있어 사업체를 직접 방문하여 회원 가입을 받았다. 젊은 두 사람의 첫 사업은 이렇게 시작되었다. 석 달 뒤 사무실 근처에 방 두 개짜리 아파트를 샀다. 당연히 가구를 살 돈은 없었다. 방바닥에 달랑 침대 매트리스만 깔고 잠을 잤다.

머스크는 정말 무서우리만큼 일에 집착했다. 잠은 거의 안 잤다. 밥 먹고 화장실 가고 잠깐 한두 시간 자는 것 빼고는 일만 했다. 물론 씻지도 않았다. 사무실에서는 진한 홀아비 냄새가 진동했다. 영업 직원들은 밖에 나갔다 들어올 때마다 코를 막았다.

머스크는 워낙 일을 꼼꼼히 하고 정확하게 했기 때문에 서비스 프로그램은 나날이 탄탄해졌다. 투자자도 몇 사람 붙었다. 당시 인터넷 사업은 엔지니어가 프로그램을 짜고, 돈 있는 투자자가 투자를 하는 방식으로 이루어졌다. 머스크와 킴벌은 경력이 없었기 때문에 사업을 막 시작했을 때는 투자자가 없었다. 그런데 프로그램이 안정되고 사업 가능성이 있어 보이자 몇 사람이 돈을 보탠 것이다.

### Zip2, 3600억 원 회사가 되다

🖋 회사에 돈이 들어오자 당장 사무실부터 넓고 깨끗한 곳으로 옮겼다. 재능 있는 엔지니어를 새로 뽑았다. 회사 이름도 '글로벌

링크 인포메이션 네트워크'에서 'Zip2'로 바꾸었다. 서비스 지역도 샌프란시스코 베이 에어리어에서 미국 전체로 잡았다. 모든 것이 하나하나 체계를 잡아 갔다. 무엇보다도 미국의 큰 신문사에서 Zip2에 관심을 보였다. 그들은 신문사 홈페이지에 Zip2를 결합해 부동산이나 자동차 대리점 배너(banner) 광고를 달아 광고비를 챙길 작정이었다. 그러니 미국의 주요 신문이라 할 수 있는 〈뉴욕 타임스〉, 〈나이트 리더〉, 〈허스트 코프〉 같은 언론사들이 Zip2의 고객이 되는 것은 그야말로 순식간이었다. 머스크는 Zip2가 신문사들의 뒤치다꺼리를 해 주는 것 같아 마음이 불편했지만 회사가 잘되는 일이기 때문에 꾹 참았다.

　Zip2가 잘되어 가자 마이크로소프트 같은 대기업이 시장에 뛰어들었다. 또한 새로운 인터넷 창업 회사까지 우후죽순 생겨났다. Zip2 엔지니어의 사기가 떨어졌고, 모두들 경쟁에서 밀려날 것 같아 걱정했다. 1999년 2월 컴퓨터 제조 회사 컴팩이 Zip2를 사겠다고 했다. 그들은 Zip2의 가치를 자그마치 3억 700만 달러(약 3600억 원)로 계산했다. 1995년 머스크와 킴벌이 3300만 원으로 시작한 Zip2가 4년 뒤 3600억 원짜리 회사가 된 것이다. 머스크는 회사가 팔리더라도 그곳에서 최고경영자(CEO)로 일할 수 있었다. 하지만 머스크는 컴팩에 머무를 생각이 전혀 없었다. 컴팩은 큰돈을 들여 Zip2를 샀기 때문에 하루빨리 이문이 남는 일을 하려고 했고, 그에 견주어 머스크와 킴벌은 처음 사업을 시작하면서 마음에 두었던 원칙을 지키려 했다. 물론 이런 생각은 말도 안 됐다. 회사는 원칙보다는 돈을 버는 것이 먼저이기 때문이다. 머스크와 킴벌은 미련 없이 회사를 나왔다. 이때 머스크는 처음 회사에 투자한 만큼 2200만 달러(약 255억 원)를 받고, 킴벌은 1500만 달러(약 174억 원)를 받는다.

머스크는 남아프리카 공화국에서 캐나다로 배낭 하나 메고 온 지 11년 만에, 창업을 한 지 단 4년 만에 백만장자가 되었다. 이때 그의 나이 스물아홉이었고, 이 젊은 백만장자는 미국인들에게 단숨에 알려졌다.

머스크는 Zip2를 운영하면서 깨달은 것이 아주 많다. 대학을 갓 졸업하고 차린 회사였다. 그는 그전에 한 번도 팀을 이끌어 본 적이 없고, 운동에서 주장을 해 본 적도 없고, 누구 하나 거느려 본 적도 없다. 그는 회사를 운영하면서 직원들이 자신처럼 해 줬으면 했다. 하지만 세상일이란 게 자기 뜻대로 되는 법은 없었다.

이런 일도 있었다. 머스크는 엔지니어들이 모두 퇴근한 뒤 Zip2의 문제점을 찾아내고 그것을 하나하나 해결해 성능을 다섯 배나 빨라지게 고쳐 놓았다. 머스크는 직원들이 출근해서 이것을 알면 깜짝 놀랄 것이라고 생각했다. 깜짝 놀란 것은 맞았다. 하지만 즐거워하거나 사장의 뛰어난 능력을 칭찬하지는 않았다. 이러한 행동은 직원들을 아주 무시하는 처사였기 때문이다. 프로그램에 문제가 있으면 그것을 개선할 때는 직원들과 머리를 맞대고 해야 한다. 비록 사장이 하룻밤 만에 해결할 수 있다 하더라도 직원들이 스스로 해낼 수 있게 옆에서 도와주고 이끌어 줘야 한다. 그런데 머스크는 사장이라 하면서 제멋대로 혼자 다 해 놓았던 것이다.

머스크는 닷컴 열풍 속에 첫 사업을 시작했고, 결과는 큰 부자가 되었다. 실력도 뛰어났고 운도 따랐다. 하지만 회사를 잘 운영했다고는 할 수 없을 것이다. 그는 재산을 거머쥐었고, 또 어디에서도 배울 수 없는 리더로서의 자질도 배웠다. 어떻게 하면 회사를 더 잘 운영할 수 있는지, 어떻게 하면 직원들의 숨은 능력을 100퍼센트 끌어낼 수 있는지 알게 되었다. 젊은 나이에 중요한 경험을 한 것이다.

### 온라인 금융 서비스 엑스닷컴

머스크는 1999년 2월 컴팩이 Zip2를 사겠다고 했을 때부터 그의 마음속에는 벌써 다른 사업이 꽉 들어차 있었다. 그것은 바로 온라인 은행이었다. 그때 사람들에게 돈은 은행에 맡겨 두는 것이었고, 돈을 찾고 부칠 때는 반드시 은행에 들러 처리해야 하는 일로 생각했다. 그런데 머스크는 이제 그럴 필요가 없다고 생각했다. 우리가 한글로 글을 쓰고 컴퓨터에 저장할 수 있듯이 돈을 중앙 컴퓨터에 저장해 두고, 친구에게 카톡과 이메일로 말을 전송하듯 돈도 다시 불러와 '전송'할 수 있다고 보았다. 통장에 숫자로 찍혀 있어야 자신의 수중에 돈이 있는 것이 아니라 인터넷 통장에 돈을 '저장'하고 그것을 클릭 몇 번으로 전송할 수 있다면 굳이 발품과 시간을 들여 은행에 갈 필요가 없을 것이라고 본 것이다.

Zip2 회사가 컴팩에 팔리고 한 달 뒤 머스크는 온라인 금융 회사 '엑스닷컴'을 창업한다. 이때 동생 킴벌은 형과 함께하지 않고 돈만 조금 투자한다.

머스크는 대학 여름방학 때 니콜슨의 소개로 캐나다 노바스코샤 은행에서 인턴으로 일했던 것을 떠올렸다. 은행 일을 하면서 느꼈던 것을 한마디로 정리하면 이렇다.

'은행가들은 부자이기는 하지만 너무너무 어리석다!'

머스크가 보기에 은행가들은 다른 사람들이 하는 대로만 하는 사람들이고, 다른 사람들이 천 길 낭떠러지에서 뛰어내리면 똑같이 그렇게 할 사람들이었다. 길을 가다 엄청나게 큰 금덩어리를 보아도 다른 사람이 집지 않으면 자기도 덩달아 거들떠보지 않을 사람들이었다. 그들은 한마디로 고지식했고, 은행 업무는 시대에 한참 뒤떨어져 있었다. 머스크는 인터넷을 이용하면 많은 것을 단숨에 해결할 수 있다고 보았다. 인터넷 은행을 세우기만 하면 금융계도 틀림없이 온라인 시스템을 마련할 수밖에 없고, 그렇게만 된다면 머스크가 상상한 대로 인터넷 뱅킹의 시대가 올 것이라고 생각했다. 또한 은행의 지출은 줄고 은행 업무의 효율성은 몇 배나 올라갈 수 있다고 보았다.

머스크는 둘레 엔지니어들에게 자신의 생각을 말하고 같이하자고 한다. 하지만 그들은 웹 사이트의 보안 시스템을 완벽하게 갖추려면 오랜 시간이 걸릴 것이라면서 거절한다.

인터넷 뱅킹은 Zip2처럼 피자 가게를 알려 주거나 팔려고 내놓은 집을 소개하는 서비스하고는 차원이 달랐다. 인터넷 공간에 돈을 저장하고, 사람들 사이에 돈이 오고 가고, 그것이 제대로 되어야 했다. 무엇보다도 서비스가 제대로 되지 않으면 난리가 날 수밖에 없다. 또 돈을 가로채기 위해 해커의 공격이 있을 수 있었다. 가장 먼저 이것을 해결하지 않으면 안 되는 서비스였다. 더구나 그때 사람들은 인터넷 쇼핑몰에서 물건을 살 때 자신의 신용 카드 번호를 입력하거나 은행 계좌 번호를 웹에 써넣는 것을 망설였고 기겁하며 피했다. 이는 요즘도 마찬가지이다. 상황이 이런데도 머스크는 온라인 금융 서비스 회사를 세웠던 것이다.

그는 Zip2에서 벌어들인 돈을 온라인 금융 회사 엑스닷컴에 모두 투자한다. 사실 그가 새 사업에 전 재산을 투자한 것은 세금을 덜 내기 위해서이기도 했다. 갑자기 벌어들인 소득을 두 달 안에 새로운 사업에 투자하면 세금을 덜 낼 수 있기 때문이다. 그렇다 하더라도 머스크의 이런 두둑한 배짱은 당시 둘레 엔지니어하고는 처음부터 달랐다. 보통 닷컴 열풍 속에서 엄청난 돈을 벌어들인 엔지니어는 자신의 명성을 기반으로 둘레 투자자를 설득해 다시 돈을 모으고 새 사업을 시작한다. 그런데 그들은 정작 자신의 돈을 새 사업에 투자하지는 않는다. 모든 사업이 그렇듯 꼭 성공하리란 보장이 없기 때문이다. 마찬가지로 머스크도 투자자를 끌어들여 사업을 벌였다. 그런데 그는 다른 엔지니어와 달리 자신의 돈도 사업에 몽땅 투자해 회사의 주주가 된다. 조금만 투자를 하는 것이 아니라 아주 올인을 한다. 실패를 하면 다른 엔지니어들은 시간만 날리는 것이지만 머스크는 시간뿐만 아니라 자신의 전 재산도 모두 탕진하는 셈이다. 하지만 반대로 성공하면 자신이 투자한 만큼 더 많은 재산을 거머쥘 수 있었다.

처음 엑스닷컴은 네 사람이 모여 시작한다. Zip2에서 같이 일한 엔지니어 에드 호, 금융계에서 오랫동안 일해 온 해리스 프릭커와 크리스토퍼 페인이다. 이렇게 네 사람이 시작하지만 머스크는 자신의 돈을 죄다 투자했기 때문에 최대 주주가 된다.

엑스닷컴의 공동 설립자들은 지금의 은행 산업이 시대에 한참 뒤떨어졌다는 것을 알고 있었다. 인터넷 환경이 날로 발전해 가는 마당에 돈을 찾고 부치는 일을 굳이 은행을 찾아가서 할 필요가 없다고 생각했다. 그것은 한마디로 시간 낭비였다.

온라인 은행을 세우는 일은 만만치 않았다. 무엇보다도 당시에 이런 은행이 없었기 때문에 정부의 허가가 나기 힘들었다. 미국의 모든 은행이 발 벗고 나선다면 모를까 벤처 회사가 나선다고 될 일이 아니었다.

하지만 머스크는 포기하지 않는다. 끈질긴 노력 끝에 정부의 인터넷 은행 영업 허가가 마침내 떨어졌다. 머스크는 1999년 11월 세계 최초의 온라인 은행을 세운다. 서비스 이름은 회사 이름과 똑같이 '엑스닷컴'이었다. 엑스닷컴은 온라인 뱅킹 서비스에 가입한 고객에게 20달러를 현금으로 입금해 주고, 다른 고객을 한 사람 소개할 때마다 10달러를 지급했다. 뱅킹을 이용할 때 내는 수수료도 없앴다. 지금도 인터넷 뱅킹을 하면 수수료를 1000원쯤 낸다. 내가 철수에게 10만 원을 인터넷 뱅킹으로 보낼 때 수수료 1000원까지 더해서 10만 1000원이 내 통장에서 빠져나가는 것이다. 이런 수수료를 없앤 것이다. 또 자신의 이메일 주소만 등록해도 돈을 부칠 수 있었다. 그때만 하더라도 은행 고객들은 은행 중앙 컴퓨터를 이용해 돈을 부치면 며칠씩 걸렸다. 그만큼 굼떴다. 그런데 머스크의 엑스닷컴은 자신의 신용 카드 번호와 이메일 주소를 등록하고, 마우스로 몇 번만 클릭하면 돈을 보낼 수 있었다. 이렇게 하자 서비스를 시작한 지 불과 두 달 만에 가입자가 20만 명을 넘어섰다. 사실 지금도 해외 쇼핑을 할 때 이와 비슷한 형태로 돈을 부치고 있다.

### 닷컴 열풍의 신화, 페이팔

엑스닷컴이 잘 풀리자 곧 강력한 경쟁자가 나타났다. 아주 똑똑한 두 젊은이 맥스 레브친과 피터 티엘이 엑스닷컴과 같은 서비스를 하는 회사 '콘피니티(Confinity)'를 차렸다. 레브친과 티엘은 원래 엑스닷컴에서 사무실을 임대해 사업을 시작했는데 시스템이 어느 정도 갖추어지자 엑스닷컴에서 나가 사무실을 따로 차리고 엑스닷컴과 똑같이 이메일을 기반으로 하는 결제 서비스를 시작했다. 그들은 이 서비스 이름을 페이팔(PayPal)이라 이름 붙였다.

두 회사의 경쟁은 치열했다.

한 달에 수천만 달러가 광고비로 나갔고, 밤낮으로 돈을 노리고 들어오는 해커들과 싸우느라 진땀을 흘렸다. 회원이 늘어나 돈은 벌었지만 광고비로 모두 쓸려 나갔다. 이때 머스크의 엑스닷컴 직원들은 하루 스무 시간씩 일했고, 머스크는 스물세 시간 일했다.

2000년 3월 엑스닷컴과 콘피니티는 경쟁을 하면서 더 이상 쓸데없이 광고비로 돈을 날리지 말자고 하면서 회사를 합친다. 회사 이름은 엑스닷컴으로 하고, 서비스 이름은 페이팔로 했다. 두 회사의 고객이 하나로 합쳐지자 고객 수는 100만이 넘었다. 그러자 더 많은 투자자들이 돈을 싸 들고 찾아왔다. 그런데 두 회사는 합치기 전에 워낙 경쟁을 치열하게 했기 때문에 서로 감정이 안 좋았다. 아주 작은 것에서부터 사사건건 부딪히고 다투는 일이 많았다. 머스

크는 서비스명을 페이팔에서 엑스닷컴으로 바꾸고 싶었다. 하지만 콘피니티 출신들은 엑스닷컴이 마치 성인 사이트 이름 같다 하면서 반대를 했다.

한편, 머스크는 퀸스 대학교에 다닐 때부터 사귀었던 저스틴 윌슨과 2000년 1월에 결혼했지만 일이 바빠 신혼여행을 아직 못 간 상태였다. 그러다 결혼한 지 9개월 뒤 그해 10월 둘은 신혼여행을 가기로 하고 오스트레일리아로 출발하는 비행기에 오른다. 그런데 이때 회사에서는 엄청난 일이 벌어진다. 머스크에 불만을 품은 콘피니티 출신 간부들이 모여 최고경영자 머스크를 회사에서 몰아낼 방법을 의논한 것이다.

머스크가 비행기에서 내렸을 때에는 최고경영자 자리가 이미 피터 티엘에게 넘어간 뒤였다. 머스크는 신혼여행을 포기하고 다시 회사로 돌아와 이사회에 따진다. 하지만 아무 소용이 없었다.

새로 최고경영자가 된 피터 티엘은 페이팔을 팔 궁리를 했다. 피터 티엘은 수완이 아주 좋은 사람이었다. 이때 페이팔의 1년 매출액은 2억 4000만 달러(약 2800억 원)에 달했다. 티엘은 만약 페이팔이 대기업에 팔리지 않으면 페이팔 주식을 주식 시장에 내놓겠다고 발표한다. 페이팔을 주식 시장에 올리면 회사 가치가 천정부지로 오를 것은 분명했다. 먼저 구글과 야후에게 회사를 사 줄 수 있는지 물었다. 두 회사는 티엘의 제안을 거절한다. 그러자 2002년 2

월 티엘은 언론사 기자들을 모아 놓고 페이팔을 주식 시장에 등록하겠다고 발표한다. 페이팔 주식은 주식 시장에 오르자마자 55퍼센트나 치솟았다. 페이팔에 눈독을 들이고 있던 인터넷 경매 사이트 이베이(eBay)는 이 소식을 듣고 잔뜩 조바심이 났다. 이베이는 주식 값이 더 오르기 전에 사기로 마음먹고 2002년 7월 다급하게 페이팔에 손을 내민다. 그들이 부른 값은 자그마치 15억 달러(약 1조 7500억 원)였다.

이때 머스크는 캘리포니아주 실리콘 밸리에서 로스앤젤레스로 이사해 새로운 사업을 막 시작하고 있던 참이었다. 바로 우주 항공 사업 스페이스엑스이다. 그때 그는 페이팔의 최고경영자에서 물러나 고문 자리를 맡고 있었다. 회사의 고문은 힘이 없고 그저 이름뿐인 자리였다. 머스크는 회사에서 내쫓기기는 했지만 회사 지분이 가장 많았다. 창업을 할 때 전 재산을 쏟아부었기 때문이다. 그의 지분은 12퍼센트나 되었기 때문에 회사를 그만두면 그에 해당하는 돈을 받을 수 있었다. 그 돈은 자그마치 2억 5000만 달러였고, 여기서 세금을 제하면 1억 7000만 달러(약 2000억 원)나 되었다. 머스크가 다음 일을 하기에 충분한 돈이었다.

2015년 기준으로 페이팔은 200여 나라 1억 7300만 명이 회원으로 가입해 있고 이곳에서 인터넷 상품 거래를 하고 있다. 한 해 수익이 92억 달러(약 10조 6000억 원)이고, 직원 수는 1만 5800여 명에 달한다. 2014년 기준으로 페이팔의 회사 가치는 302억 달러(약 37조 원)나 된다.

페이팔의 엔지니어들은 그 뒤 세계 인터넷 회사의 큰 줄기를 만들어 간다. 스티브 첸과 채드 헐리는 지금의 유튜브를 만들어 나중에 구글에 16억 5000만 달러(약 1조 9000억 원)에 판다. 이 밖에도 일일이 말하기 힘들 정도로 많은 닷컴 회사가 서비스 개발에 뛰어들었고, 또 저마다 성공하여 큰 부자가 되었다. 그 가운데 머스크는 가장 독보적인 엔지니어라 할 수 있다.

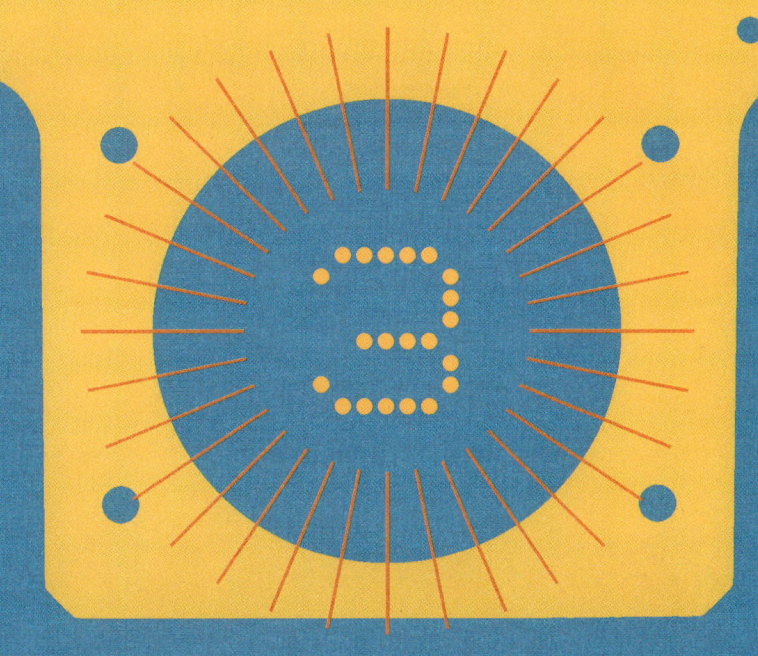

화성에 가려는 남자

### 이건 뭔가 잘못된 거야

인터넷 세상에서는 돈이 없어도 아이디어가 좋으면 누구나 도전할 수 있고, 운이 좋으면 큰돈을 벌 수 있다.

스티브 잡스는 양아버지 집 차고에서 1000달러 남짓한 돈으로 애플을 창업했다. 구글을 창업한 래리 페이지와 세르게이 브린은 유튜브의 최고경영자 수전 보이치키가 빌려준 차고에서 회사를 차렸다. 마크 저커버그는 대학 기숙사에서 페이스북을 창업했다. 이렇듯 인터넷 사업은 수중에 돈이 없더라도 아이디어가 좋고 열정을 바치면 시작할 수 있다. 그런데 이와 달리 처음부터 돈이 없으면 시작조차 할 수 없는 것이 있다. 바로 우주 항공 산업이다.

페이팔의 최고경영자에서 쫓겨난 머스크는 친구와 같이 뉴욕으로 자동차 여행을 떠났다. 마주 오는 차도 없는, 그야말로 깜깜한 밤길이었다.

친구가 물었다.

"그래, 이제 뭘 할 생각이야?"

머스크가 눈을 뚬벅뚬벅 껌벅이더니 대답한다.

"오래전부터 우주에 흥미가 있긴 했는데……."

그때 닷컴 열풍에서 돈을 번 엔지니어들은 서비스 프로그램을 짜 값이 오르면 큰 회사에 팔고 다시 또 새로운 서비스를 만들었다. 그런데 머스크는 그런 일이 아니라 생뚱맞게도 우주에 관심을 두고 있었던 것이다. 물론 그도 우주 산업을 시작하려면 엄청나게 많은 돈이 필요하다는 것을 잘 알고 있었다. 하지만 그는 처음부터 아주 다르게 생각한다.

'로켓 하나 만드는 데 왜 그렇게 돈이 많이 드는 거야!'

그다운 생각이었다. 또 이런 의문도 들었다.

'달에 간 지가 언젠데 여태껏 왜 화성에 사람을 보내지 않는 거지?'

페이팔에서 쫓겨난 머스크는 어린 시절 품었던 로켓과 우주여행에 대한 공상을 마음속에 다시 그리기 시작한다. 광케이블에 매달려 아등바등 살아가는 닷컴 엔지니어의 삶에서 벗어나고 싶었는지도 모른다. 그는 이제 두 눈을 모니터에 처박고 사는 삶이 아니라 다른 삶을 꿈꾸고 있었다. 140자로 지저귀는 트위터(twitter: 지저귀다)나 페이스북처럼 아이돌 사진을 어떻게 하면 예쁘게 널리 알릴까, 고민하고 싶지 않았다.

머스크가 로스앤젤레스로 이사한 까닭이 있다. 로스앤젤레스는 기후 변화가 심하지 않고 따뜻해 1920년대부터 우주 항공 산업이 발전했다. 미국 항공 우주국이나 록히드 에어크래프트 컴퍼니, 보잉 같은 회사가 로스앤젤레스에 자리를 잡고 로켓과 우주선을 만들고 있었던 것이다. 머스크는 우주 항공 산업 중에서 무엇을 해야 할지는 아직 정하지 않았다. 하지만 이곳 로스앤젤레스에서 우주 산업 전문가를 만날 수 있을 것이고, 그러면 자신이 무엇을 해야 할지 알 수 있을 것이라 확신한다.

머스크는 우선 화성 협회(Mars Society) 회원들을 만난다. 이들은 머지않아 화성 탐사를 할 날이 올 것이라 믿고 준비하는 단체이다. 미국 유타주 북서 사막에 화성 사막 연구 기지를 짓고, 마치 화성에서 생활하는 것처럼 보름 동안 지내는 훈련을 하고 있다. 실제로 화성 탐사를 하는 것처럼 우주 비행사, 생물학자, 물리학자, 기술자 같은 전문가 여덟 명이 한 조를 이뤄 비좁은 탐사 기지에서 우주복을 입고 함께 지내는 것이다. 한마디로 이들은 우주에 미쳐 있는 '우주광'이다.

머스크는 화성 협회에 5000달러(약 572만 원)를 후원금으로 내고, 사막에 화성 연구 기지를 짓는 데에도 10만 달러(약 1억 1500만 원)를 통쾌하게 내놓는다. 이 일로 협회 사람 모두가 머스크를 알게 되고 단숨에 관심 인물이 된다. 머스크는 화성 협회 회원들을 만나면서 우주 항공 산업의 핵심 인물을 두루두루 만날 수 있었다.

협회 사람들은 머스크에게 자랑했다.

"우리는 우주선 캡슐에 생쥐를 실어 지구 궤도를 돌게 할 것입니다. 중력을 지구의 3분의 1로 해 화성과 같은 환경을 만들 것이고요. 생쥐는 그곳에서 새끼까지 칠 거예요."

'생쥐가 새끼를 치게 한다고? 그것도 지구 궤도 캡슐에서?'

머스크는 여기서 그칠 생각이 추호도 없었다. 이왕 우주 산업에

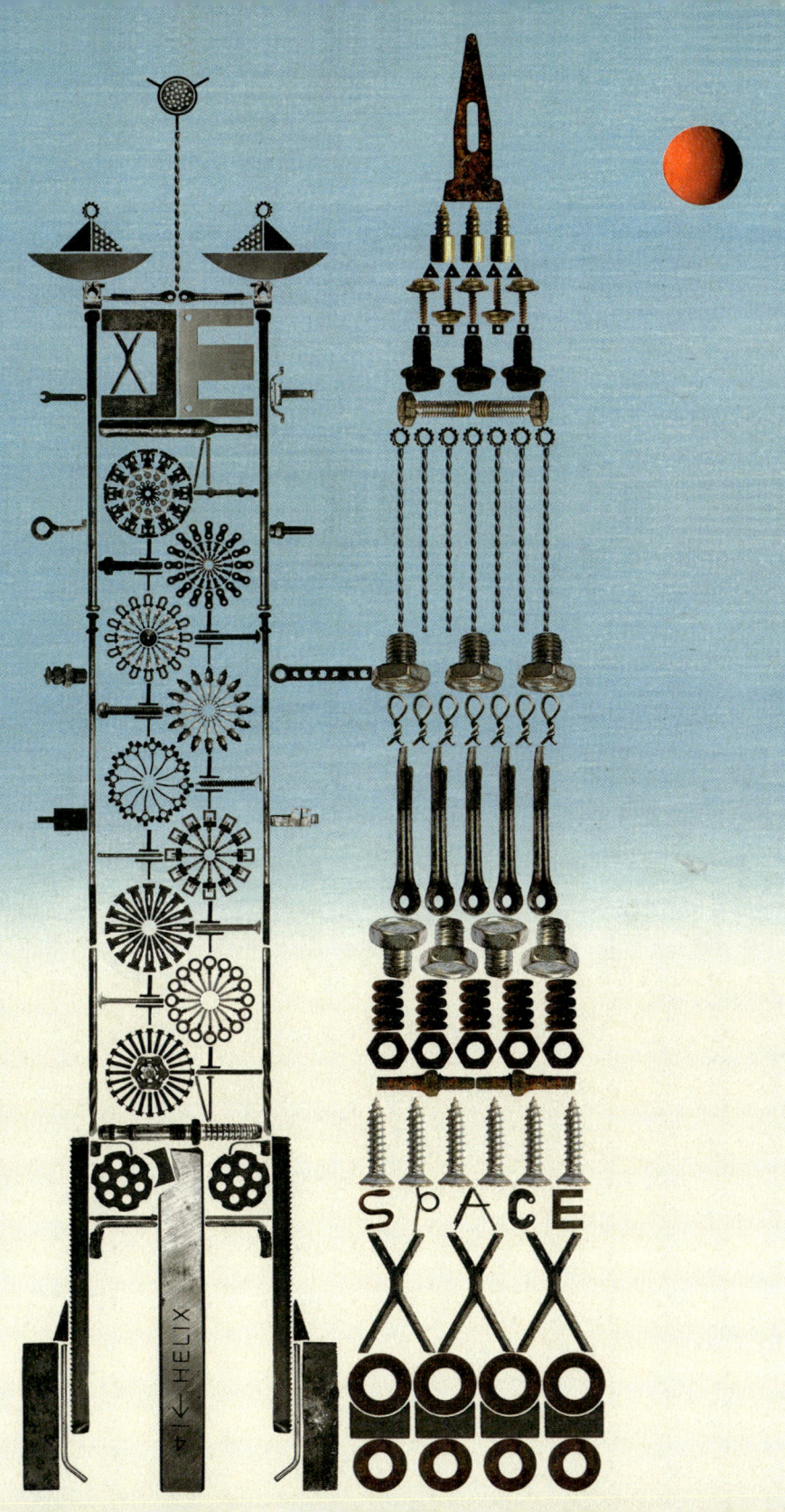

발을 디딜 바에는 화성에 사람을 보내 개척하는 것을 목표로 삼아야 한다고 마음먹었다. 머스크는 NASA 인터넷 홈페이지에 들어가 봤다. 그런데 이상했다. 화성에 관한 정보는 있었지만 화성 탐사에 대한 계획이 단 한 줄도 나와 있지 않았다.

'이건 뭔가 잘못된 거야.'

순간 머스크는 내가 홈페이지를 잘못 찾아왔나, 하는 생각이 들어 인터넷 주소를 확인했다. 분명히 NASA 홈페이지였다. 머스크는 기가 막혔다. 미국 정부가 화성 탐사 계획을 접은 까닭은 기술 문제가 아니었다. 진짜 이유는 돈 때문이었다. 1989년 NASA는 화성에 사람을 보내는 데 드는 돈을 계산해 보았다. 그랬더니 자그마치 5000억 달러(약 573조 원)가 필요하다는 계산이 나왔다. 미국 정부가 화성 탐사 계획을 포기한 것은 바로 이 돈 때문이었던 것이다.

머스크는 생각한다.

'NASA가 하지 않으면 내가 하면 되지! 내가 직접 로켓을 만들어 보는 거야!'

이렇게 해서 머스크의 우주 항공 산업은 시작되었다.

그의 목표는 단순히 로켓을 제작하는 것이 아니라 사람을 화성에 보내 사람이 살 수 있게 개척하는 것이다. 이 일을 하려면 가장 먼저 해야 할 일이 있었다. 바로 멋진 로켓과 우주선을 만드는 것이다. 그것도 다른 우주 항공 회사와 달리 아주 값싼 비용으로 만들어야 했다. 그러려면 그들과는 처음부터 달라야 했다.

옛날 전기 제품의 핵심 기술은 진공관이었다. 그런데 아무리 진공관에 대해 공부하고 파고들어도 거기서 트랜지스터를 만들 수는 없다. 그것은 애당초 근본 원리가 다르기 때문이다. 머스크의 우주 항공 산업도 이와 비슷했다. 그는 NASA나 보잉 같은 회사와는 처음부터 다르게 시작한다. 근본에서부터 달리 생각하는 것이다.

### 우리가 직접 로켓을 만들면 되잖아!

2001년 10월 머스크는 로켓 전문가 짐 캔트럴과 러시아로 떠난다. 대륙 간 탄도 미사일을 사 로켓으로 쓸 요량이었다. 이때 머스크의 대학 친구 아데오 레시도 같이 따라간다. 레시는 머스크가 우주 사업을 시작한다는 말을 듣고 걱정이 되었다. 레시는 로켓이 하늘에서 폭발하는 장면만 따로 모아 편집해 머스크에게 보여 줬다. 그런데도 머스크는 흔들리지 않았다. 레시는 걱정이 되어 머스크를 따라가겠다고 한다. 머스크가 비싼 값을 치르고 로켓을 사려 할 때 막을 작정이었던 것이다.

머스크는 러시아 로켓 제조 회사 사람들을 만나 묻는다.

"미사일 한 대 값이 얼마나 되나요?"

"한 대에 800만 달러입니다."

머스크는 이 말을 듣고 800만 달러(약 90억 원)에 두 대를 달라고 한다. 그러자 러시아 사람은 머스크를 뻔히 바라보더니 이렇게 말한다.

"젊은이, 그 값에는 팔 수 없소."

머스크 일행은 별 소득 없이 미국행 비행기에 오를 수밖에 없었다. 모두 힘이 빠져 있었다. 그런데 머스크는 비행기 안에서 노트북을 만지고 있었다. 그러더니 뒤를 돌아보며 말했다.

"친구들! 우리가 직접 로켓을 만들면 되잖아!"

머스크의 계획은 이랬다.

"큰 로켓을 만들 필요는 없어. 작은 로켓을 만들어 소형 위성을 싣고 가는 거야. 소형 위성을 필요로 하는 기업과 나라를 상대로 영업을 하면 되는 것이고. 또 아담한 로켓을 만들면 다른 회사 로켓보다 훨씬 싼값에 그 일을 해낼 수 있지."

머스크는 두 사람에게 자신의 계획서를 보여 주었다. 노트북에는 소형 로켓을 만들 때 드는 돈과 성능, 그것을 우주 항공 시장에 팔았을 때 이문이 얼마나 남는지, 이런 것이 아주 자세히 나와 있었다. 두 사람은 계획서를 보고 입이 떡 벌어졌다.

머스크가 만들고자 하는 로켓은 보잉이나 록히드사가 쏘아 올리는 로켓이 아니었다. 그들은 트럭 크기에 맞먹는 위성을 싣고 나는 거대한 로켓을 만들었다. 머스크는 상업용이나 연구용 위성, 국제 우주 정거장(ISS)에 화물을 보낼 수 있는 소형 로켓을 만들고 싶었다. 이런 소형 로켓은 얼마든지 적은 돈으로 만들 수 있다고 보았다. 한마디로 저예산 로켓이라 할 수 있다.

2002년 4월 머스크는 산업용 우주 개발 기업을 설립하기로 마음먹는다. 우선 그는 로스앤젤레스에 와서 사귄 여러 로켓 전문가들을 하나하나 만나 자신의 계획을 말하고 같이하자고 한다. 모두 다 NASA나 보잉, 록히드사 같은 우주 항공 회사에서 일하거나 일한 적이 있는 엔지니어들이었다.

2002년 6월, 열 사람이 머스크와 뜻을 함께하겠다고 손을 맞잡았다. 회사 이름은 '스페이스엑스'라 지었다. 머스크는 로스앤젤레스 엘세 군도에 있는 오래된 창고를 사들였다. 7000제곱미터쯤 되는 창고였다. 초등학교 운동장 두 개를 합쳐 놓은 넓이라고 생각하면 된다. 머스크는 스페이스엑스가 생산할 최초의 로켓을 팰컨 1호로 이름 지었다. 영화 〈스타워즈〉에 나오는 '밀레니엄 팰컨'에서 따온 이름이다. 〈스타워즈〉에서 밀레니엄 팰컨은 한 솔로와 츄바카가 밀매 무역을 할 때 타고 다니는 우주선인데, 밀무역을 하는 만큼 속도가 아주 중요했다. 영화에서 팰컨은 은하계에서 가장 빠른 우주선으로 나온다. 머스크가 은하계에서 속도가 가장 빠른 우주선 이름을 로켓에 붙인 까닭은 그만큼 빨리 로켓을 쏘아 올리겠다는 의지이기도 했다.

이 무렵 화물 250킬로그램을 우주로 쏘아 보내는 데 드는 돈은 자그마치 3000만 달러(약 335억 원)였다. 그런데 머스크는 팰컨 1호로 635킬로그램짜리 위성이나 화물을 690만 달러(약 77억 원)에 우주로 보내겠다고 발표한다. 그야말로 놀라운 발표였다. 더구나 2003년 10월에 로켓을 발사하겠다고 했으니, 회사를 창업하고 16개월 만에 첫 로켓을 발사하겠다고 장담하는 꼴이었다. 사람들은 머스크의 말이 황당하다면서 믿지 않았다.

하지만 군대나 과학자, 큰 회사들은 은근히 기대하는 눈치였다. 자신들의 목적에 맞는 위성을 만들고, 그것을 쏘아 올리는 데 보통 10년이 넘게 걸리는데 머스크는 아주 짧은 시간에 그 일을 하겠다고 했다. 하지만 이 일은 머스크의 바람처럼 쉽게 할 수 있는 일이 아니었다. 유튜브에 '로켓 폭발' 하고 검색하면 동영상 수천 건이 쏟아져 나온다. 그만큼 위험 부담이 큰 일이라 할 수 있다. 더구나 스페이스엑스 같은 신생 벤처 기업은 만에 하나 로켓 발사가 실패하면 감당하기 힘들었다. 한두 번은 실패할 수 있다. 하지만 적어도 서너 번 안에 성공해야 한다. 그렇지 않으면 회사는 더 이상 버틸 수 없고 문을 닫아야 한다.

### 팰컨 1호, 세 번째 발사도 실패!

스페이스엑스 직원들은 회사에 다니면서도 머스크와 함께 모험을 떠난다는 기분이 들었다. 그만큼 회사는 처음부터 모든

것을 스스로 해결해야 했다. NASA나 보잉 같은 우주 항공 회사들은 중요한 부품만 본사에서 만들고 나머지 모든 부품은 다른 전문 회사에 맡겼다. 머스크는 이렇게 할 수 없었다. 그렇게 했다가는 로켓 하나를 만드는 데 회사 돈을 모두 써야 할 판이었다. 스페이스엑스는 중요 부품뿐만 아니라 작은 부품까지도 모두 스페이스엑스에서 만들었다. 그래서 회사 분위기가 다른 회사와 달랐고, 머스크와 같이 일하는 것을 자랑스러워했다.

머스크의 처음 생각처럼 2003년 10월 로켓 발사는 이루어질 수 없었다. 모든 것을 처음부터 시작해야 하니 마음먹은 대로 되지 않았다. 2005년 봄, 머스크는 회사가 어느 정도 틀을 잡아 가자 기자들을 불러 놓고 선언을 한다.

"스페이스엑스의 첫 무인 로켓 팰컨 1호를 오는 11월 25일에 발사하겠습니다!"

로켓 전문가들은 이 말을 듣고 코웃음을 쳤다. 스페이스엑스를 창업한 지 3년 만에 로켓을 발사하겠다고 큰소리를 치니 그럴 만도 했다. 그때만 하더라도 로켓은 십수 년에 걸쳐 개발하고 거기에 드는 돈도 엄청났다. 이런 사실은 굳이 전문가가 아니더라도 모두 상식으로 아는 이야기였다.

2005년 11월 26일, 예정 발사일보다 하루 늦었지만 스페이스엑스 엔지니어들은 액체 연료를 채우고 발사 준비를 마쳤다. 그런데 발사를 몇 시간 앞두고 액체 산소통 밸브가 닫히지 않아 산소가 빠져나갔다. 결국 이날 발사는 포기했다.

"다음 발사는 12월 15일에 하겠습니다."

언론은 싸늘한 눈초리를 보냈다. 하지만 12월 15일에도 발사할 수 없었다. 여전히 산소통 밸브가 문제였다. 팰컨 1호는 또다시 발사대에서 내려와야 했다.

"역시 벤처 회사가 로켓을 발사한다는 건 무리야."

하는 말이 여기저기서 나왔다. 그래도 머스크와 스페이스엑스 엔지니어들은 마음 쓰지 않았다. 실망을 하기는 했지만 기운을 내서 문제를 하나하나 고쳐 나갔다.

로켓 페가수스는 아홉 번 중 다섯 번, 아리안은 다섯 번 중 세 번, 아틀라스는 스무 번 중 아홉 번, 소유즈는 스물한 번 중 아홉 번, 프로톤은 열여덟 번 중 아홉 번 성공했다. 그만큼 로켓 발사 성공률은 낮다.

1961년 미국 케네디 대통령은 "앞으로 10년 안에 사람을 달에 보내겠다"고 선언한다. 그때만 하더라도 미국은 우주 경쟁에서 소련에 견주어 10년이나 뒤져 있었다. 1967년부터 미국은 '아폴로 프로젝트'를 시작하고, NASA는 1972년까지 여섯 차례나 달 착륙에 성공한다. 1969년 7월 20일 아폴로 11호 선장 닐 암스트롱은 인류 최초로 달에 발을 딛고 발자국을 남기고 돌아온다. 하지만 아폴로 프로젝트는 돈이 너무 많이 들었다. 그때까지 들어간 돈만 해도 190억 달러(약 21조 5000억 원)에 달했다.

NASA는 한 번 쓰고 버리는 우주선의 단점을 알고 우주와 지구를 수시로 왔다 갔다 할 수 있는 '우주 왕복선'을 개발한다. 우주 왕복선은 10년 동안 100번 정도 우주를 갔다 올 수 있다. 1981년 드디어 제1호기 콜롬비아 우주 왕복선이 첫 궤도 비행에 성공한다. 그런데 1986년 제2호기 챌린저 우주 왕복선이 발사한 지 75초 만에 하늘에서 폭발하고 만다. 이때 승무원 일곱 명이 세상을 떠난다. 사고는 여기서 그치지 않는다. 2003년 콜롬비아 우주 왕복선이 임무를 마치고 지구로 돌아오다 대기권에서 폭발해 승무원이 모두 죽는다. 그 뒤부터 NASA는 우주 왕복선이 했던 일을 민간 기업에 맡기기로 한다. 그리고 2011년 7월 애틀랜티스호를 끝으로 우주 왕복선 프로그램을 완전히 중단한다. NASA가 민간 기업에 맡기기로 한 일은 국제 우주 정거장에 화물과 승무원을 보내는 일이다. 이 일에 스페이스엑스도 참여한다. 스페이스엑스는 국제 우주 정거장에 화물을 보내는 일을 3억 달러(약 3355억 원)에 계약하고 준비를 해 나간다. 아직 한 번도 로켓을 발사해 본 적이 없는 신생 기업에 사업을 맡긴 것이다. 그래서 더더욱 머스크와 스페이스엑스에게는 팰컨 1호의 발사 성공이 절박했다.

스페이스엑스의 팰컨 1호 발사가 자꾸 미루어지자 언론은 NASA

와 스페이스엑스의 계약을 문제 삼는다. 닐 암스트롱도 NASA의 처신을 비판한다. NASA의 일을 받아 로켓을 발사해 온 다른 우주 항공 기업들도 비아냥거리기 시작한다. 더구나 그들은 자신의 사업 영역에 끼어들어 오는 벤처 회사 스페이스엑스가 싫었다.

"거봐, 안 될 거라고 했잖아. 그저 돈만 날린 셈이라니까."

스페이스엑스 엔지니어와 머스크는 이런 형편을 잘 알고 있었다.

2006년 3월 24일 봄, 오랜 준비 끝에 스페이스엑스의 팰컨 1호가 불을 뿜으며 남태평양 콰절런섬 하늘로 솟구쳤다. 하늘로 힘차게 치솟자 머스크와 엔지니어들은 펄쩍 뛰며 소리를 질렀다. 하지만 그도 잠깐이었다. 41초쯤, 로켓이 마구 흔들리면서 균형을 잃더니 바다로 추락했다. 비록 발사는 성공했지만 결과는 실패한 것이다.

콰절런섬은 태평양 괌·하와이·마셜 제도 사이에 있는 섬이다. 미군은 이곳에서 수십 년 동안 미사일 시험을 했다. 2005년 6월 스페이스엑스 엔지니어들은 컨테이너에 팰컨 1호 로켓과 장비를 싣고 콰절런섬으로 왔다. 아직 스페이스엑스는 발사대가 없기 때문에 이곳에서 발사대를 빌려 로켓을 쏘기로 한 것이다. 로켓은 주로 적도에서 발사한다. 그래야 지구 자전의 힘을 이용할 수 있기 때문이다. 지구 자전 방향으로 발사하면 그만큼 힘을 아낄 수 있고 연료를 아낄 수 있다. 또 인공위성은 거의 다 적도를 돌기 때문에 우

주에 나가서도 궤도 수정을 할 때 조금만 해도 된다. 우리나라 남쪽 고흥에 나로 우주 센터가 있는 것이나 일본 남쪽 다네가시마에 로켓 발사대가 있는 것도 바로 이 때문이다.

2007년 3월 20일 팰컨 1호는 콰절런섬 로켓 발사장에서 다시 한 번 카운트다운을 한다. 첫 발사 뒤 거의 1년이 지난 시점이었다. 하지만 두 번째 발사도 실패했다. 팰컨 1호는 발사한 지 7분 뒤 1단 로켓을 분리하고 2단 로켓 엔진으로 궤도 안에 들어가려 했다. 그런데 2단 로켓 엔진이 일찍 꺼지는 바람에 실패하고 만다.

이날 언론은 이렇게 보도한다.

"스페이스엑스 팰컨 1호, 두 번째 발사도 실패!"

머스크는 팰컨 1호의 두 번째 발사가 실패했는데도 또 다른 계획을 세운다. 바로 팰컨 9호 개발이었다. 팰컨 1호가 엔진이 하나라면 팰컨 9호는 엔진이 아홉 개나 되고, 그 크기는 팰컨 1호보다 열 배나 컸다. 팰컨 9호는 NASA의 주문을 받아 국제 우주 정거장으로 사람과 화물을 운반하는 로켓이고, 이 로켓 머리에는 스페이스엑스가 개발한 우주선 드래건(Dragon)을 실을 작정이었다. 팰컨 1호도 제대로 쏘아 올리지 못하는 마당에 그보다 열 배나 큰 로켓과 우주선 드래건까지 개발하고 있다는 사실이 알려지자 사람들은 머스크가 아주 미쳤다고 비웃는다.

팰컨 1호의 두 번째 발사 실패가 있고 그로부터 1년 반이 지났다.

2008년 8월 2일, 머스크와 스페이스엑스 엔지니어들은 팰컨 1호를 남태평양 콰절런섬 발사대에 세웠다. 로켓 머리 부분에는 미국 국방부 위성 '트레일 블레이저'와 NASA의 실험 장비까지 실었다.

팰컨 1호는 멋지게 하늘로 치솟았다. 하지만 분리된 1단 로켓이 2단 로켓과 충돌하고 말았다. 1단 로켓이 잘 분리되기는 했지만 그 안에 연료가 남아 있어 바다로 떨어지지 않고 앞으로 날아가 버렸다. 릴레이 경주에서 배턴을 건넨 주자가 배턴을 쥐고 달리는 주자를 추월해 버린 모양이었다. 머스크는 로켓 발사가 아주 복잡하고 힘들다는 것을 잘 알고 있었지만 이렇게나 힘들 줄은 몰랐다. 머스크는 입술을 지그시 깨물고 다음을 기약해야 했다.

## 머스크의 아내 저스틴과 라일리

인터넷 사업으로 벌어들인 돈도 점점 줄어들고 있었다. 그는 스페이스엑스와 전기 자동차 테슬라에 2억 달러(약 2237억 원) 가까이 쏟아부었고, 벌써 반 이상을 썼는데도 세상에 내놓을 만한 전기 자동차와 로켓을 만들지 못했다. 더구나 스페이스엑스는 돈이 없어 이제 기껏해야 한두 번 더 발사할 돈만 남겨 둔 상태였다.

팰컨 1호 발사가 자꾸 실패를 할 때 머스크는 아내하고도 관계가 소원해졌다. 회사 사정이 안 좋다 보니 집에서 식구들과 보내는 시간이 부족했다. 그러다 아내와 관계가 소원해져 버린 것이다.

머스크가 열아홉 살 때 퀸스 대학교에서 아내 저스틴 윌슨을 만났다. 윌슨은 머스크보다 한 살 어렸고 소설가를 꿈꾸는 학생이었다. 2000년 두 사람은 결혼했고 2년 뒤 페이팔이 이베이에 팔리자 로스앤젤레스로 이사해 첫아이를 낳았다. 그런데 안타깝게도 아이는 10개월 만에 세상을 떠나고 만다. 이 일은 두 사람에게 오랫동안 잊기 힘든 상처가 된다. 그 뒤 두 사람은 시험관 아기 시술로 아들 쌍둥이 그리핀과 자비에르를 낳고, 2006년 말 세쌍둥이 아들 카이, 다미안, 색슨이 태어난다. 저스틴은 다섯 아들의 엄마가 되었고, 바쁜 와중에도 소설책 세 권을 내 젊었을 때 품었던 작가가 된다.

테슬라의 첫 전기 자동차 로드스터는 언제 나올지 가물가물했고, 덩달아 팰컨 1호 발사는 3차까지 실패했다. 여기에 아내 저스틴과의 불화까지 겹쳤다. 머스크는 일과 가정 모두 파탄에 이르렀다. 머스크는 테슬라를 내려놓아야 할지, 스페이스엑스의 도전을 포기해야 할지, 흔들리는 가정을 지켜야 할지 선택해야 하는 시점에 다다랐다. 하지만 이 세 가지 모두 포기할 수는 없었다.

테슬라와 스페이스엑스는 엄청난 속도로 돈을 빨아들였다. 머스크는 집에 있는 것 가운데 고급 자동차 맥라렌 같은 것을 팔아 회사에 보탰다. 두 회사가 힘들수록 머스크는 아내와 아이들에게 마음을 쓰지 못했다. 아니, 온통 두 회사에만 마음을 썼고, 주말에도 일했고 집에 들어오는 날이 거의 없었다.

2008년 6월 머스크는 저스틴과 이혼하겠다고 소송을 내고 친구이자 투자가인 빌 리와 영국 런던으로 여행을 떠난다. 거기서 두 번째 아내 탈룰라 라일리를 만난다. 라일리는 2005년 영화 〈오만과 편견〉에서 메리 베넷 역을 맡아 한창 떠오르는 여자 배우였다. 이때 라일리는 스물네 살, 머스크는 열네 살 더 많은 서른여덟이었다.

머스크는 저스틴과 이혼한 뒤 2010년 라일리와 결혼한다. 하지만 두 사람의 결혼 생활은 원만하지 않았다. 2012년 이혼했다가 18개월 뒤 다시 재혼하고, 2014년 머스크가 이혼을 청구했다가 7개월 뒤 취소하기도 한다. 2016년에는 라일리가 이혼을 청구하고 결국 두 사람은 헤어졌다.

## 벤처 기업 스페이스엑스, 로켓을 쏘아 올리다!

2008년 9월 28일, 팰컨 1호 4차 발사 카운트다운을 했다. 이번에 실패하면 스페이스엑스는 문을 닫아야 할 판이었다. 그만큼 절박했다. 남태평양 콰절런섬에서 엔지니어들은 3년 동안 팰컨 1호 발사 성공을 위해 일했다. 그들은 식구들과 헤어져 이곳에서 외롭게 맡은 일을 했다. 낮에는 더위와 싸웠고, 밤에는 온갖 벌레가 괴롭혔다.

이번에 발사하는 팰컨 1호에는 진짜 화물을 싣지 않았다. 또 실패하면 위성과 화물을 한순간에 날려 버릴 수 있기 때문이다. 스페이스엑스 직원들은 로스앤젤레스 본사 제어실 앞에 모여 이 모든 과정을 지켜봤다. 11시 15분 콰절런 로널드 레이건 탄도 미사일 시험장 발사대에서 팰컨 1호가 우르르 소리를 내며 하늘로 솟아오르자 직원들이 소리를 질렀다. 2분 40초 뒤 1단 로켓이 떨어져 나가고 2단 로켓이 불을 뿜었다. 직원들은 옆 사람을 안고, 만세를 부르며 기뻐했다. 발사한 지 3분 12초 뒤 위성의 금속 덮개 페어링이 분리되어 지구로 떨어졌다. 그리고 9분 뒤 팰컨 1호는 계획대로 궤도에 올랐다. 지구 역사에서 민간 회사가 만든 우주선이 처음으로 궤도에 오른 것이다. 머스크가 처음 잡았던 일정보다 5년이 더 걸렸고, 6년 동안 스페이스엑스 직원 500명이 아무것도 없는 상태에서 모든 부품을 스스로 제작하여 이루어 낸 결과였다. 네 번 만에 성공한 것이었지만 그것만으로도 기적이었다.

머스크는 이날 자신의 마음을 이렇게 표현한다.

"오늘은 내 인생에서 가장 행복한 날입니다."

지금도 거의 모든 나라의 로켓 발사는 정부 기관이 중심이 되어한다. 그런데 일개 벤처 기업이 이 일을 해낸 것이다. 머스크와 스페이스엑스는 우주 개발이 정부와 큰 회사만이 할 수 있는 일이 아니라 벤처 기업도 충분히 해낼 수 있다는 것을 온 세계에 증명한 셈이다.

머스크는 한없이 기뻤지만 회사의 살림을 생각하면 가슴이 답답

했다. 직원들의 월급을 챙기는 일도 벅찼다. 언론은 전기 자동차 테슬라의 재정 사정이 안 좋다고 날마다 기사로 쏟아 냈다. 마치 그 일을 보도하는 것에 재미를 붙인 것 같았다. 전기 자동차 생산에 차질이 생기고 저스틴과의 이혼까지 겹치다 보니 언론이 가만히 있지를 않았다.

2008년 말 머스크는 돈이 떨어졌다. 머스크는 친구들에게 손을 내밀었고, 심지어는 라일리 부모에게도 돈을 빌렸다. 그런데 2008년 12월 23일, 스페이스엑스에 행운이 찾아왔다. NASA가 국제 우주 정거장에 화물을 보내는 업체로 스페이스엑스를 꼽은 것이다. 스페이스엑스가 우주 정거장에 열두 차례 로켓을 발사해 화물을 운반하고, 그 대가로 16억 달러(약 1조 8000억 원)를 받을 수 있는 일이었다. 가뭄 끝에 내리는 단비 같은 계약이었고, 악몽이 될 뻔했던 2008년 크리스마스가 '메리 크리스마스'로 바뀌었다.

### 우주선 드래건, 우주 정거장에 음식을 배달하다

2010년 6월 4일 미국 플로리다주 케이프커내버럴 케네디 우주 센터 발사대에 팰컨 9호가 섰다. 팰컨 9호는 스페이스엑스의 경주마라 할 수 있다. 길이는 68미터, 폭은 3.7미터, 무게는 500톤이나 나간다. 현대자동차 소나타 무게가 1.46톤이니까, 소나타 342대만큼 무겁다. 중앙에 엔진이 하나 있고, 그 둘레를 엔진 여덟 개

••• 스페이스엑스의 우주선 드래건

▪▪▪ 스페이스엑스의 로켓 팰컨 9호

가 팔각형 모양으로 둘러싸고 있다. 팰컨 9호는 사람을 싣고 우주로 보내는 캡슐 드래건과 위성을 운반할 수 있다.

로켓이 발사대에서 대기하는 동안 액체 산소가 조금씩 밖으로 새어 나왔다. 액체 산소가 연료통 속에서 아주 낮은 온도로 있다가 밖으로 나와 금속과 공기를 만나면 하얀 증기가 되는데, 멀리서 보면 꼭 구름처럼 보인다. 또 우주로 나아가기 전에 코를 씩씩 숨을 몰아쉬며 준비하는 모습 같기도 하다.

"5, 4, 3, 2, 1, 발사!"

마침내 엔진에 불이 붙고 거대한 로켓이 땅을 박차고 하늘로 치솟았다. 1분 뒤에는 하늘에 빨간 점만 보이다가 순식간에 사라졌다. 팰컨 9호는 시속 2만 9000킬로미터 속도로 날아올랐다. 팰컨 1호는 네 번째 만에 성공했지만 팰컨 9호는 단 한 번에 무난히 성공한다. 이번 시험 발사에는 우주선 드래건 모형을 실었다. 두 번째 발사부터는 진짜 우주선 드래건을 보낼 것이다. 우주선 이름 '드래건'은 미국 포크 송 그룹 '피터, 폴 앤 메리'가 1960년대에 부른 〈마법의 용 퍼프〉에서 따왔다. 이 노래는 바닷가에 사는 불로장생 마법 드래건(용) 퍼프와 어린 소년 재키의 모험담을 그리고 있다.

팰컨 9호의 두 번째 시험 발사 또한 보기 좋게 성공한다. 이번에는 모형 캡슐이 아니라 진짜 드래건 우주선을 실었다. 우주선 드래건은 정해 놓은 궤도에 따라 지구를 돌았다. 우주선에는 비행사가 앉을 수 있는 일곱 자리가 있었지만 사람은 타지 않았다. 그 대신 아주 특별한 화물 하나가 실려 있었다. 드래건은 시속 2만 7000킬로미터 속도로 지구를 두 시간 가까이 돈 다음 궤도에서 나와 태평양 바다로 되돌아왔다. 대기권에 들어왔을 때 드래건 머리의 온도는 1000도가 넘었다. 마침내 태평양 하늘에서 낙하산을 펼치고 가볍게 바다에 착륙했는데, 이 시험 발사는 우주 산업 역사에서 민간 기업이 이룬 첫 성과였고 머스크를 세상에 널리 알리는 계기가 되었다.

머스크는 기자 회견 때 드래건에 실은 특별한 화물이 '치즈'라고 했다. 치즈는 영국 BBC의 인기 코미디 프로그램 〈몬티 파이튼 비행 서커스〉에 자주 나오는 소품이다. 로켓은 한 번 발사할 때 엄청난 돈이 드는 만큼 늘 무겁고 엄숙한 분위기에서 발사되었다. 그런데 스페이스엑스는 치즈를 실어 앞으로 우주여행이 발랄하고 유쾌한

여행이 될 것이라는 것을 알렸다.

  2012년 5월 22일, 미국 플로리다 케이프커내버럴 공군 기지 발사대에서 팰컨 9호가 또다시 엄청난 소리를 내며 하늘로 솟구쳤다. 이번에는 시험 발사가 아니고 임무를 맡았다. 발사 3분 뒤 1단 로켓이 안전하게 분리됐고, 팰컨 9호에서 나온 우주선 드래건이 계획대로 지구 둘레를 돌다가 국제 우주 정거장 로봇 팔의 도움을 받아 우주 정거장과 도킹했다. 완벽한 성공이었다. 우주 산업 역사에서 민간 기업의 우주선이 우주 정거장과 처음 도킹한 것이다.

  드래건은 우주 정거장에서 쓸 옷과 과학 실험 장비, 음식(162끼) 540킬로그램을 전달하고, 308명의 유골이 담긴 캡슐을 우주에 뿌리는 '우주장(葬:장사지낼 장)'을 지내고 오는 임무를 맡았다. 308명 중에는 우주 비행사 고든 쿠퍼, 우주 왕복선 제어기를 설계한 NASA 엔지니어 슈레이크, 영화배우 제임스 두헌이 있다. 두헌은 영화 〈스타 트렉〉에서 엔터프라이즈호 기관장 스코트 역을 맡은 배우다. 우주에 흩뿌리는 유골 캡슐은 최소 10년에서 최대 240년 동안 지구 둘레를 시속 2만 7000킬로미터로 돌다가 유성처럼 불타면서 지구로 떨어진다고 한다. 우주장 치르는 값은 한 사람당 2995달러(약 330만 원)였다. 드래건은 이 임무를 무사히 마치고 지구로 돌아왔다. 민간 기업이 발사한 우주선이 우주 정거장에 최초로 도킹을 하고, 화물을 전해 준 뒤 무사히 지구로 되돌아오는 데 성공한 것이다.

## 우주 항공 시장 한 해 규모는 2000억 달러

지금 미국은 우주 왕복선을 더 이상 쏘아 올리지 않는다. 이 일은 주로 러시아의 소유즈 로켓을 통해 하고 있다. 국제 우주 정거장에 한 사람을 보내는 데 7000만 달러(약 783억 원)가 든다. 미국은 이렇게 많은 돈을 러시아에 주고 우주 정거장에 미국의 과학자를 보내고 있는 실정이다. 그런데 스페이스엑스가 앞으로 이 일마저도 자신들이 해낼 수 있다고 장담하고 있다. 그리고 보기 좋게 로켓 팰컨 9호를 통해 우주선 드래건을 우주 정거장에 도킹시키고 다시 지구로 돌아왔다. 미국 사람들은 머지않아 머스크가 우주 정거장에 과학자를 보내 미국의 자존심을 살려 줄 것으로 믿고 있다.

과학자를 우주 정거장에 보내는 사업을 두고 NASA는 4년 동안 여러 우주 항공 회사 사이에 경쟁을 붙였다. 그런 끝에 NASA는 스페이스엑스와 보잉의 손을 들어 주었다. 2017년까지 캡슐을 개발하고 우주 정거장에 사람을 보내는 조건으로 스페이스엑스에게는 26억 달러(약 2조 9000억 원)를, 보잉에게는 42억 달러를 지급하기로 했다. 두 기업이 NASA로부터 우주 왕복선 사업을 이어받은 셈이다. 이 밖에도 스페이스엑스는 NASA와 여러 계약을 했다. 모두 23억 7800만 달러(약 2조 7000억 원)에 이른다. 이렇게 대형 계약을 따내자 스페이스엑스가 할 일도 점점 늘어났다. 2005년 160명이던 직원 수가 2013년에는 3000명을 넘어섰다.

지난 10년 동안 우주 항공 시장 규모는 600억 달러에서 2000억 달러(약 223조 7000억 원)로 늘어났다. 지금 많은 국가에서는 정찰 위성, 통신 위성, 기상 위성을 우주에 보내고 싶어 하고, 기업에서는 텔레비전·인터넷·라디오·일기 예보·자동차 항법 장치 서비스를 원활하게 하기 위해 위성을 띄우려고 한다. 위성을 통해 농사꾼은 날씨를 예측하고, 옥수수 밭을 아주 크게 확대해 언제 수확하는 게 가장 좋겠는지 결정하고, 명절 때 쇼핑을 갈 때 월마트 주차장에 자동차가 몇 대 주차되어 있는지 살펴보고 주차하기 편한 마트를 찾아갈 수 있다. 그래서 기업은 위성을 쏘아 올리기 위해 로켓 발사 회사를 부지런히 찾고 있다. 스페이스엑스 전에는 이런 기업들이 비용이 싼 러시아와 중국을 찾았는데 지금은 스페이스엑스로 몰리고 있다. 스페이스엑스의 발사비가 러시아나 중국보다 싸고 실패가 거의 없기 때문이다. 우주 항공 산업의 판도가 바뀌어 가고 있는 것이다.

### 로켓 개발비, NASA의 10분의 1

스페이스엑스는 팰컨 1호 발사비가 670만 달러(약 75억 원)였다고 발표한다. 이 비용은 다른 우주 항공 기업에 견주어 훨씬 싸고, 경쟁 회사에서는 상상도 할 수 없는 발사비이다. 세상 사람들은 깜짝 놀랐다. 더구나 그때까지만 하더라도 발사비를 공개한 회사는 없었기에 더더욱 놀라운 일이기도 했다. 스페이스엑스는 팰컨 1호와 대형 로켓 팰컨 9호의 발사비를 홈페이지에 당당히 공개한다. 우주 항공 산업 역사에서 이런 일은 지금까지 없었다. 스페이스엑스가 공개한 팰컨 9호 발사 비용은 5400만 달러(약 604억 원)로 NASA의 로켓 델타 4호의 발사 비용과 견주어도 6분의 1 수준이었다.

언론사 기자들이 물었다.

"스페이스엑스는 어떻게 다른 회사보다 싼값에 로켓을 발사할 수 있습니까?"

머스크가 대답했다. 그런데 그 대답이 좀 엉뚱했다.

"우리 스페이스엑스는 기술을 특허 신청하지 않습니다."

최첨단 산업에서 특허는 아주 중요한데 왜 머스크는 특허를 신청하지 않는 것일까?

"특허를 내면 중국 우주 항공 회사가 우리 기술을 베껴 돈을 벌기 때문입니다."

머스크의 말은 이렇다. 특허를 신청하면 그 기술을 토대로 중국 회사가 비슷한 제품을 만들어 값싼 노동력을 바탕으로 더 싸게 로켓을 발사할 수 있다는 말이다. 머스크는 특허를 신청하지 않는 것이 오히려 스페이스엑스의 기술을 지키고, 앞으로도 중국보다 싸게 로켓을 발사할 수 있다고 본 것이다.

지금 스페이스엑스는 로켓을 대량 생산하고 있다. 다른 경쟁 회사들은 상상도 할 수 없는 일이다. 보잉, 록히드 마틴, 오비털 사이언스 같은 경쟁사들은 로켓에 들어가는 부품을 1200군데가 넘는 여러 외국 회사에 맡겨 제작한 다음 갖다가 조립한다. 그러니 시간이 많이 걸리고, 제작비도 팰컨 로켓보다 여섯 배, 발사비는 일곱 배 더 든다.

경쟁 회사들은 개발 비용을 아끼기 위해 부품 생산을 조그마한 회사 A에 맡긴다. 그런데 A는 다시 더 작은 회사 B에 맡기고, 또 B는 더 작은 회사 C에 맡긴다. 이러니 값이 부풀려지고 질도 떨어질 수밖에 없다. 머스크는 이렇게 하지 않고 웬만한 부품은 모두 스페이스엑스에서 만들어 쓴다. 스페이스엑스는 로켓·엔진·전자 장치 같은 갖가지 부품의 90퍼센트 이상을 회사에서 제작한다. 경쟁사들은 머스크와 스페이스엑스를 보며 놀라 입을 다물지 못한다. 이렇게 하다 보니 로켓 제작비가 10분의 1로 줄고, 그와 더불어 부품의 무게까지 주니 2015년 12월 22일에는 팰컨 9호 로켓 하나에 위성을 열한 개까지 싣고 올라가 지구 둘레에 띄울 수 있었다.

머스크는 설계를 단순하게 하고 엔진 같은 중요 부품을 한 가지로 통일한다. 그래서 대량 생산이 가능한 것이다. 2011년에는 1년에 로켓 두 대를 만들었는데 지금은 1년에 스무 대를 제작할 수 있다. 대량 생산이 가능하니 제작비가 줄고 덩달아 로켓 발사비도 싸질 수밖에 없다. 지금 스페이스엑스는 대량 생산으로 한 달에 한 차례씩 로켓을 발사할 수 있다. 그만큼 스페이스엑스는 경쟁 업체들이 할 수 없는 일을 한발 앞서서 척척 해내고 있다. 머스크에게 로켓 발사는 이제 익숙한 일상이 되었다. 스페이스엑스는 지금 달마다 1회 이상 로켓을 쏘아 올리고 있다. 여러 회사와 국가에서 위성을 우주에 올려 달라거나 NASA로부터 우주 정거장에 화물을 보내 달라는 부탁을 받고 있는 것이다.

NASA는 지금까지 130회에 걸쳐 로켓 발사를 해 왔다. NASA는 자신들이 그동안 해 왔던 방식대로 스페이스엑스의 로켓 개발비를 계산해 보았다. NASA가 팰컨 9호를 개발했다면 개발비로만 약 40억 달러(약 4조 5000억 원)가 들었을 것이라고 발표했다. 또 아무리 비용을 쥐어짜서 아끼더라도 최소한 17억 달러가 필요하다고 했다.

그렇다면 머스크와 스페이스엑스가 팰컨 9호 개발비로 쓴 돈은 얼마쯤 될까? 스페이스엑스는 팰컨 9호 개발비로 3억 달러(약 3355억 원)를 썼다. 팰컨 1호는 9000만 달러(약 1006억 원)가 들어갔다. 두 로켓 개발비를 합쳐도 3억 9000만 달러에 불과하다. 이는 NASA 개발비의 10분의 1도 안 되는 수준이다.

### 로켓 재활용의 시대를 열다

머스크가 로켓 제작비와 마찬가지로 발사비도 10분의 1로 낮추겠다고 발표하자 경쟁사들은 말도 안 된다며 비판한다. 하지만 머스크는 발사한 로켓을 다시 쓸 수만 있다면 충분히 가능하다고 주장한다.

지금까지 세계 우주 항공 회사의 로켓 발사는 1단 로켓을 한 번만 쓰고 버리는 것이었다. 2단 로켓을 궤도에 올려놓고 난 뒤 1단 로켓은 바다로 떨어졌다. 그야말로 1회용 로켓인 셈이다. 로켓은 1단과 2단이 있는데, 1단은 대기권을 벗어날 때 가장 힘을 많이 쓰는 로켓이고, 2단은 우주에 나가 궤도에 오를 때 쓰는 로켓이다. 이 가운데 1단 로켓을 만들 때 돈이 가장 많이 든다. 1단 로켓을 만드는 데만 전체 로켓 제작비의 4분의 3이 든다. 그래서 1단 로켓을 다시 쓸 수만 있다면 발사비를 10분의 1로 줄일 수 있는 것이다. 그러려면 2단 로켓에서 분리된 1단 로켓을 원래 발사했던 곳에 무사히 착륙시킬 수 있는 기술이 필요하다. 머스크는 바로 이것을 해내고 싶었다. 이런 발상은 그야말로 혁신적인 생각이었다. 그동안 어느 회사도 하지 않았고, 그때까지만 하더라도 1단 로켓을 한 번 쓰고 버리는 것을 아주 당연하게 여기고 있었다.

2015년 12월 이후 2016년까지 스페이스엑스는 1단 로켓을 여덟 번이나 무인선(드론쉽) 바지선(밑바닥이 편평한 화물 운반선)과 땅에 무사히 착륙시키는 데 성공한다. 바지선에는 다섯 번, 땅에는 세 번이다. 스페이스엑스는 1단 로켓 회수를 모두 14회 시도했고, 이 가운데 여덟 번 성공한다. 또 최근 들어서는 실패가 거의 없어 사람들을 깜짝 놀라게 한다. 이제 바야흐로 로켓 재활용 시대가 온 것이다.

지난 2017년 3월 31일 스페이스엑스는, 2016년 4월 국제 우주 정거장에 화물을 실어 보내고 플로리다 동부 해안 바지선에서 회수한 팰컨 9호 로켓을 넉 달 동안 정비해 다시 쏘아 올렸다. 팰컨 9호 1단 재활용 로켓은 플로리다주 케이프커내버럴 공군 기지에서 룩셈부르크 기관 이머전시닷루(SES)의 통신 위성을 싣고 대기권을 벗어나 분리된 뒤 다시 바다 바지선에 무사히 착륙했다. 이 모든 과정에 8분 32초가 걸렸다. 이 로켓은 우주 항공 역사에서 회수해 다시 쓴 재활용 로켓 1호가 되었다. 이렇게 1단 로켓을 다시 쓰면 6000만 달러(약 671억 원)에 이르는 로켓 제작·발사 비용을 30퍼센트 이상 줄일 수 있고, 한 로켓을 여러 번 쓰면 쓸수록 발사비는 그만큼 줄어든다.

머스크는 이날 기자들 앞에서 이런 말을 한다.

"다음 목표는 회수한 로켓을 24시간 안에 다시 발사하는 것입니다."

넉 달 동안 정비해 다시 발사하는 것이 아니라 24시간 안에 발사하겠다는 말이다.

### 화성으로 가는 로켓 팰컨 헤비

머스크의 목표는 위성을 실은 로켓을 쏘아 올리고, 우주 정거장에 화물과 사람을 보내는 것에 있지 않다. 그의 목표는 화물과 사람을 싣고 화성에 가는 것이다. 그도 한 번만 가는 것이 아니라 수시로 사람이 오고 가게 하는 세상을 앞당기고 싶어 한다. 머스크는 2018년에 관광객 둘을 달에 보내겠다고 발표한다. 민간인 두 사람은 달에 내리지는 않고 '드래건 2' 캡슐을 타고 달 둘레를 돈 다음 지구로 돌아올 계획이다. 지구를 떠나 달 둘레를 돌고 지구로 오는 기간은 일주일가량이다.

미국은 1968년 달 탐사선 아폴로 8호가 우주인 셋을 태우고 처음으로 달 둘레 궤도를 다녀온 뒤 그 이듬해에는 인류의 발자국을 달에 찍고 왔다. 지금까지 아홉 차례나 달에 다녀왔다. 하지만 1972년 아폴로 17호를 마지막으로 달 탐사를 중단한 상태이다. 그런데 한 민간 기업이 달에 관광객을 보내겠다고 하는 것이다. 머스크는 달 관광 로켓을 쏜 다음 화성에 무인 탐사 우주선을 보내고, 2025년에는 사람을 보내 화성을 사람이 살 수 있는 곳으로 바꾸겠다고 한다.

2012년 머스크는 워싱턴 DC 내셔널 프레스 클럽에서 "화성에 새로운 문명을 창조하겠다"고 발표한다. 이 계획을 흔히 테라포밍(Terraforming)이라 한다. 화성을 지구 환경으로 바꾸는 것이다. 이

••• 화성을 지구처럼 만들 계획인 일론 머스크

를 위해 머스크와 스페이스엑스는 초대형 로켓 팰컨 헤비를 개발하고 있다. 멀린 엔진이 스물일곱 개이고, 우주선 무게만 1400톤이나 나간다. 이 로켓이 실어 나를 수 있는 화물은 53톤이다. 현대자동차 소나타 37대를 실을 수 있는 힘이다.

  라이트 형제가 비행 실험을 시작한 때가 1903년이고, 그로부터 20년 뒤 비행기는 아주 중요한 교통수단이 된다. 하지만 우주선 산업은 수십 년 동안 일회성에 그쳤다. 인간이 달에 가고, 화성에 연구 차를 보냈지만 여전히 돈이 많이 들어 정부가 아니면 엄두를 못 내는 사업이었다. 그런데 머스크와 한 민간 기업 스페이스엑스는 이 일을 해내고 있다. 스페이스엑스는 아직 주식회사가 아니다. 주식 시장에 주식을 올리지 않았다는 말이다. 직원들과 투자자들은 이것에 대해 불만이 많다. 주식 시장에 올리기만 하면 주식 가치가 엄청나게 뛸 것이고, 그러면 직원들도 월급을 더 받을 수 있기 때문이다. 머스크는 이에 대해 단호하게 반대한다. 머스크가 회사 스페이스엑스를 창업한 목적은 인류가 화성에서 생활하는 데 필요한 기술을 개발하는 것이었다. 머스크는 이것을 완벽하게 해내지 못한 처지에서 주식을 시장에 내놓는 것은 올바르지 않다고 말한다. 그러면서 직원들과 투자자들에게 화성 탐사 계획이 본격 궤도에 올라설 때까지만 기다려 달라고 부탁하고 있다.

전기 자동차 회사 테슬라 모터스

### 스트라우벨과 에버하드와 머스크

🌐 전기 자동차 회사 테슬라의 시작을 알려면 스트라우벨과 에버하드를 먼저 알아야 한다. 이 두 사람은 머스크 이전에 전기 자동차를 생각하고 만들고자 했던 사람들이다.

스트라우벨은 스탠퍼드 대학교에서 에너지 시스템 공학을 공부한 엔지니어이다. 그는 대학을 졸업하고 세계 최초로 하이브리드 차(배기가스를 줄인 자동차)를 개발한 로젠 모터스에 들어가 잠깐 일한 적이 있다. 그는 회사에 다니면서도 스탠퍼드 대학교 태양광 자동차 팀에서 함께 활동했던 친구들을 자주 만났다. 그들은 리튬 이온 배터리 수십 개를 모아 거기에서 나오는 전기로 움직이는 자동차를 만들어 타고 다녔다. 일반 자동차 회사가 만든 차 엔진을 리튬 이온 배터리로 개조한 것이다.

리튬 이온 전지는 오늘날 노트북이나 스마트폰 같은 전자 제품에 들어 있는 배터리이다. 그때만 하더라도 전기 자동차는 전용 축전기를 썼다. 축전기는 전기를 모아 두었다가 필요할 때 쓰는 장치이다. 성능은 리튬 이온 배터리와 같다고 할 수 있다. 하지만 리튬 이온 배터리에 견주면 충전할 수 있는 전기 양이나 편리성에서 한참 뒤떨어졌다. 리튬 이온 배터리는 AA 건전지와 비슷하게 생겼고, 그것을 모아 묶어서 쓸 수 있다.

스트라우벨은 태양광 자동차 팀 동료들에게 같이 힘을 모아 대량 생산이 가능한 리튬 이온 배터리 전기 자동차를 만들자고 한다. 팀 동료들도 좋다고 한다. 문제는 돈이었다. 스트라우벨이 투자를 받아 오면 기꺼이 한번 해 보자고 한다. 스트라우벨은 무역 전시회를 찾아다니며 자신의 아이디어를 소개하고 투자자를 찾았다. 하지만 어느 누구도 돈을 투자하지 않았다.

2003년 가을이었다. 전에 로젠 모터스에서 같이 일했던 해럴드 로젠이 전화를 했다. 해럴드 로젠은 전기로 움직이는 비행기를 만들고 싶었고, 그 또한 돈을 투자할 사람을 찾고 있었다. 그는 스페이스엑스의 머스크를 만날 것인데 같이 한번 만나 보자고 한다. 이렇게 해서 스트라우벨과 머스크의 만남이 이루어진다.

스페이스엑스 본사 가까이에 있는 해산물 음식점에서 세 사람이 만났다. 해럴드 로젠은 전기 비행기에 대해 부지런히 소개했다. 하지만 머스크는 별 관심이 없어 했다. 스트라우벨은 이때다 싶었다.

"머스크 씨, 저는 리튬 이온 배터리로 움직이는 전기 자동차를 만들려고 합니다. 그런데……."

"리튬 이온 배터리로 전기 자동차를 만든다고요?"

머스크는 스트라우벨의 말을 끊고, 눈을 둥그렇게 뜨고 그를 바라봤다. 머스크는 전기 자동차 하면, 슈퍼 축전기부터 떠올렸다. 그것 말고는 생각해 보지 않았고 더 생각하더라도 축전기가 답이었다. 그런데 노트북 충전지로 쓰는 리튬 이온 배터리로 움직이는 자동차라니, 생각만 해도 놀라울 뿐이었다. 스트라우벨은 이 자동차를 만들려면 10만 달러가 필요하다고 한다. 머스크는 우선 1만 달러(약 1100만 원)를 주겠다고 했다. 이때 처음 만난 스트라우벨은 지금도 테슬라에 있고, 머스크가 가장 믿음직스러워하는 엔지니어이다.

스트라우벨은 모르고 있었지만 캘리포니아 북부 사람 마틴 에버하드와 마크 타페닝도 리튬 이온 배터리로 자동차의 동력을 얻는 아이디어에 푹 빠져 있었다. 2003년 7월 1일, 이 두 사람은 전기 자동차 회사 '테슬라 모터스'를 창업한다. 니콜라 테슬라(Nikola Tesla, 1856~1943년)는 19세기 물리학자이자 전기 공학자이다. 그는 1888년 교류 인덕션 모터를 만들어 특허를 낸 발명가이기도 하다. 전기 자동차는 전기 모터로 굴러가는 만큼 그의 업적을 기려 회사 이름을 붙이는 것은 어쩌면 당연한 일이기도 했다.

에버하드는 영국 자동차 회사 로터스가 1996년에 생산한 '엘리스'의 몸체(겉틀)를 그대로 쓰고 동력 장치만 리튬 이온 배터리와 모터로 바꿀 계획을 짜고 로터스와 계약을 했다. 문제는 새로운 전기 자동차를 만들 수 있는 돈이었다. 에버하드와 타페닝은 사업을 시작할 때부터 머스크를 떠올렸다. 둘은 2년 전 머스크가 화성 협회 회의에서 연설을 할 때 그를 본 적이 있다. 그들은 머스크가 보통

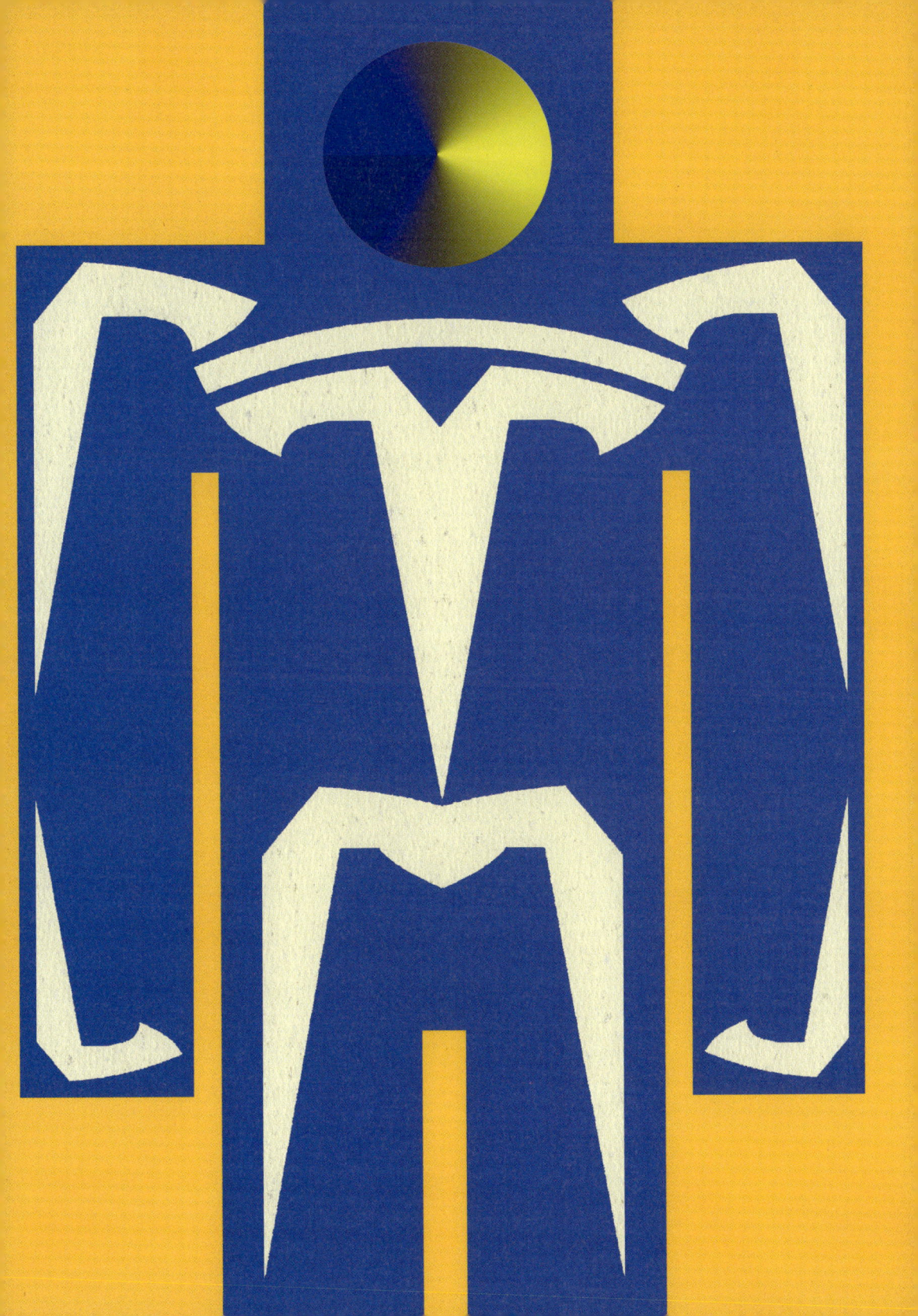

사람과 조금 다르다는 것을 느꼈다. 두 사람은 머스크가 전기 자동차에 관심이 많다는 것을 듣고 로스앤젤레스로 날아가 그를 만났다. 머스크는 두 사람이 생각하는 전기 자동차 모델에 대해 아주 세심하게 물었다. 타페닝은 그들이 생각하고 있는 것을 모두 들려주었다. 머스크는 그 자리에서 투자를 하겠다고 결정한다.

"좋습니다. 투자하겠습니다. 대신 이 사업에 한 사람을 더하고 싶습니다. 스트라우벨 씨인데, 테슬라 회사 가까이에 살고 있습니다."

이렇게 해서 네 사람이 뜻을 모았다. 머스크는 테슬라에 650만 달러(약 73억 원)를 투자하고 최대 주주이자 회장이 되었다. 그리고 에버하드는 최고경영자, 스트라우벨은 최고기술책임자가 되었다. 머스크가 해야 할 일은 주로 투자를 받아 오는 일이었다. 구글의 공동 창업자 세르게이 브린과 래리 페이지, 이베이 사장 제프리 스콜 같은 유명인들에게 1억 4550만 달러(약 1600억 원)를 투자 받았다. 또 독일 다임러사(社)로부터 50억 달러(약 5조 6000억 원)와 파나소닉으로부터 3000만 달러(약 335억 원)를 투자 받았고, 미국 에너지국으로부터는 낮은 이자로 4억 6500만 달러(약 5200억 원)를 빌릴 수 있었다. 물론 그 또한 회사 사정이 어려울 때는 기꺼이 지갑을 열어야 했다.

### 테슬라의 첫 차 로드스터

🌍 로터스 자동차 '엘리스'의 겉틀을 그대로 써서 만드는 전기 자동차 이름은 '로드스터'로 지었다. 로드스터는 2인 컨버터블이다. 컨버터블은 자동차 지붕을 떼어 내거나 접을 수 있도록 만든 차이다. 값은 10만 9000달러(약 1억 2000만 원)로 잡았다. 이 차는 값이 비싼 만큼 일반 소비자를 대상으로 하는 대중 차가 아니라 최고급 스포츠카이다. 머스크는 먼저 고급 차를 만든 다음 대중 차를 만들기로 한다. 이것은 다른 자동차 회사와 정반대로 시작하는 것이다. 머스크와 에버하드는 개발비 2500만 달러(약 280억 원)를 들여 로드스터를 2년 안에 개발하기로 한다.

이 일은 2004년 5월에 시작되었고, 그 이듬해 1월 27일 1차 시험 제품이 나온다. 하지만 모든 새 제품이 그렇듯 시험 제품은 문제가 있었다. 바로 화재의 위험성이었다. 배터리가 열이 나 불이 날 수 있고, 폭발할 수 있기 때문이다. 테슬라 엔지니어들은 밤을 새워 가며 세심하게 갖가지 문제점을 고쳐 나간다.

2006년 7월 테슬라는 로드스터를 세상에 알리기로 결정한다. 물론 이 제품 또한 팔려고 하는 것이 아니라 투자자와 언론에 미리 보여 주는 상품이다. 당시 주지사 아놀드 슈워제네거가 참석하고, 그 자리에서 차를 타 보고 30명이 차를 사겠다고 예약한다. 또 구글의 공동 설립자 브린과 페이지, 할리우드 스타 레오나르도 디카프리오와 브래드 피트, 조지 클루니도 예약을 한다. 언론은 이 사실을 신이 나 보도한다. 예약 주문만 1200대에 달했다.

머스크는 로드스터를 이렇게 소개한다.

"지금까지 여러분들이 봤던 전기 자동차는 모두 엉터리입니다."

그럴 만도 했다. 로드스터는 디자인도 멋졌지만 한 번 충전으로 394킬로미터를 달릴 수 있었으니까. 더구나 스포츠카 포르쉐 911 카레라S와 400미터 경기에서 완승을 하기도 한다. 이 경기는 인터넷으로 중계되었다.

로드스터는 자동차 세계에서 당장 화제의 중심이 되었다. 그런 만큼 예약 주문도 늘었다. 행사장에서는 10만 달러 수표를 써 주며 예약하는 사람도 있었다. 실리콘 밸리 어느 부자는 테슬라 사무실에 직접 찾아와 예약을 하기도 했다.

에버하드 테슬라 최고경영자는 직원들이 존경하는 엔지니어였지만 회사를 잘 이끌지는 못했다. 그처럼 운영했다가는 언제 파산할지 몰랐다. 2008년 8월 테슬라 이사회는 에버하드를 최고경영자에서 기술 담당 사장으로 내려보낸다. 결국 넉 달 뒤 그는 테슬라를 그만두고 떠난다.

2008년 테슬라는 가장 힘든 시기였다. 돈이 바닥나고 있었고, 로드스터 개발비는 처음 생각했던 2500만 달러를 훌쩍 넘어 1억 4000만 달러(약 1565억 원)에 이르렀다. 다행히 2009년 초 테슬라는 로드스터를 시장에 내놓는다. 값은 10만 9000달러였고 2012년까지 2500여 대가 팔렸다. 머스크와 테슬라가 원래 목표로 삼았던 판매량을 채운 것이다.

테슬라는 2010년 4월 운 좋게도 실리콘 밸리 프리몬트에 있는 도요타 자동차 공장 '누미'의 일부 49만 제곱미터를 4200만 달러(약 470억 원)에 사들일 수 있었다. 대신 도요타는 테슬라에 5000만 달러를 투자하고 테슬라 지분 2.5퍼센트를 가져간다. 사실 테슬라는 자동차 생산 라인이 완벽하게 갖춰져 있는 공장을 공짜로 얻고 투자금 800만 달러도 얻은 셈이다. 이로써 캘리포니아에는 새로운 일자리 3000개가 생겼다.

2010년 6월 머스크는 테슬라 주식을 주식 시장에 올린다. 그날 테슬라 주식 값은 41퍼센트나 치솟으면서 하루에 2억 2600만 달러(약 2500억 원)를 벌어들였다. 테슬라는 포드가 1956년 주식을 시장에 올린 뒤 미국 신생 자동차 회사로는 처음으로 주식을 시장에 내놓았다. 2017년 2월 기준 테슬라의 시가 총액은 441억 달러(약 49조 3000억 원)이다. 제너럴 모터스(GM)의 시가 총액이 567억 달러이고, 포드가 504억 달러라는 것을 생각하면 신생 자동차 회사치고는 대단한 기록이다. 우리나라 현대자동차(약 351억 달러)보다 많다. 대신 현대자동차는 직원 수가 2016년 9월 기준 6만 7829명이고 테슬라는 3000명이다. 테슬라는 공장 규모나 직원 수가 훨씬 작

은데도 주식 가치는 몇 배나 더 높은 것이다.

로드스터 발표회장에서 한 언론사 기자가 머스크에게 물었다.

"머스크 씨, 당신은 언젠가는 기름이 떨어지기 때문에 전기로 움직이는 자동차를 타야 한다고 말하고 있습니다. 그런데 미국의 전기는 거의 다 석탄과 석유 같은 화석 연료를 때서 만들지 않나요?"

머스크가 대답했다.

"맞습니다. 하지만 설령 발전소에서 화석 연료를 태워 만들어 낸 전기를 전기 자동차에 충전하더라도 전기 자동차가 훨씬 낫습니다."

화력 발전소에서 화석 연료를 태워 얻는 전기는 연료 대비 효율이 60퍼센트이다. 그런데 가솔린을 자동차 연료로 쓸 때 효율은 25~30퍼센트밖에 안 된다. 더구나 도시를 달릴 때 효율은 15퍼센트까지 내려간다. 그렇다면 가솔린 자동차는 에너지의 80퍼센트를 길바닥에 버리는 셈이다. 그만큼 효율성이 떨어지는 것이다. 하지만 전기 자동차는 충전한 에너지를 버리지 않고 거의 그대로 쓴다. 비록 화석 연료를 태워서 얻은 전기로 충전을 하기는 하지만 에너지를 길거리에 버리지 않으니까 더 낫다는 말이다. 이뿐만이 아니다. 전기 자동차는 배기가스와 이산화 탄소를 단 한 모금도 내뱉지 않는다.

### 테슬라의 고급 승용차 '모델S'

2012년 중반 테슬라는 고급 승용차 '모델S'를 시장에 내놓는다. 테슬라의 첫 차 로드스터가 영국 로터스 자동차 '엘리스'의 겉틀을 그대로 갖다가 테슬라의 전기 동력 시스템을 앉힌 것이라면 모델S는 테슬라가 디자인부터 동력 장치까지 모든 것을 스스로 개발한 테슬라표 자동차이다. 또한 로드스터처럼 2500대만 한정 생산하는 것이 아니라 대량으로 생산하여 해마다 2만 대를 팔겠다고 낸 차이다.

이 고급 차는 한 번 충전으로 480킬로미터를 달릴 수 있다. 기름차는 보통 앞에 엔진이 있는데, 전기 자동차는 엔진이 없고 모터만 있을 뿐이다. 그래서 모델S는 앞을 짐칸으로 만들었다. 물론 뒤에

••• 테슬라 모터스의 전기차 모델S

도 트렁크가 있다. 차 바닥에는 리튬 이온 전지 7000개를 묶은 배터리 팩을 깔았다. 배터리가 무겁기 때문에 차 골격을 강철 대신 가벼운 알루미늄으로 만들었다.

모델S를 언뜻 보면 문손잡이가 없는 것처럼 보인다. 그런데 운전자가 차 문을 가볍게 건드리면 그제야 은빛 손잡이가 부드럽게 나온다. 운전자가 문을 열고 자리에 앉으면 손잡이는 다시 원래대로 들어간다. 운전석에 앉으면 17인치 터치스크린이 켜지고 여기서 웬만한 것은 다 조절할 수 있다. 에어컨 강약·스테레오 음량이나 선루프 같은 것을 손끝으로 터치하여 조절하고 열고 닫을 수 있다. 인터넷을 연결해 음악을 들을 수 있고, 내비게이션도 쓸 수 있다. 자동차에 시동을 걸 때도 열쇠를 돌리거나 버튼을 누를 필요가 없다. 안전띠를 매고 브레이크 페달을 살짝 밟으면 전원이 들어온다.

무엇보다도 조용하다.

게다가 미국 모든 도로에 세울 테슬라 충전소에서 '무료'로 충전할 수 있다. 이 충전소는 태양 전지판에서 전기를 얻는다. 테슬라는 2017년까지 전 세계에 무료 충전소를 7200개까지 늘리겠다고 한다. 그리고 미국에서 모델S를 타는 사람은 연료비를 단 한 푼도 들이지 않고 달릴 수 있다고 했다. 또 충전된 배터리를 미리 준비해 놓아 시간에 쫓기는 운전자에게는 배터리 팩을 그 자리에서 90초 안에 갈아 주겠다고 한다. 전기 자동차의 가장 큰 문제는 충전과 시간이다. 고속 충전을 하더라도 20분에서 30분이 걸린다. 이것을 해결하겠다는 것이다.

기름 자동차나 하이브리드 자동차는 부품이 수천 개나 된다. 하이브리드 자동차는 처음 충전한 전기를 모두 쓰면 기름이나 가스 엔진으로 달리면서 자동차 배터리를 다시 충전한다. 이렇게 다시 충전한 배터리로 130킬로미터를 더 달릴 수 있다. 그런데 기름이나 가스 자동차는 연료 효율이 10~20퍼센트밖에 안 된다. 70퍼센트는 엔진에서 열로 없어지고 나머지 10퍼센트 에너지는 바람저항과 브레이크를 밟을 때 없어진다. 그에 견주어 전기 자동차는 부품이 10여 개뿐이고 배터리 팩은 전기 에너지를 수박만 한 모터로 보내 바퀴를 돌린다. 모델S는 에너지 효율이 60퍼센트이고 나머지는 대개 열로 빼앗긴다.

전기 자동차는 값이 비싸지만 부품이 10여 개뿐이라 잔 고장이 없고 엔진 오일도 갈 필요가 없다. 그만큼 유지비가 적게 든다. 차 문손잡이가 밖으로 안 나오거나 와이퍼가 너무 천천히 움직이면 테슬라에 전화하면 된다. 그러면 고객이 잠자는 밤중에 테슬라 엔지니어들이 인터넷으로 자동차 프로그램을 업데이트하여 고쳐 놓는다.

# 5

# 태양 에너지 회사 솔라시티와 진공 열차 하이퍼루프

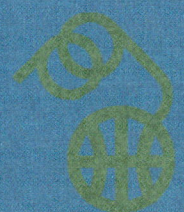

### 태양 에너지를 잡아라!

실리콘 밸리에 머스크의 사촌 세 젊은이가 살고 있었다. 린던, 피터, 러스 라이브 형제이다. 2004년 여름 린던은 머스크와 함께 차를 몰고 네바다주 버닝 맨 페스티벌(Burning Man Festival)에 참가하려고 블랙 록 사막(Black Rock Desert)으로 달리고 있었다.

머스크는 이때 라이브 형제가 무언가 사업을 벌여 보고 싶어 한다는 것을 눈치챘다. 머스크는 운전을 하면서 린던에게 물었다.

"린던, 내 생각에는 너희들이 태양 에너지 시장을 한번 조사해 보면 좋겠어. 다른 사람들이 놓치고 있는 것이 분명 있을 거야."

"알았어, 형. 동생들과 알아볼게."

린던은 버닝 맨 행사장에 갔다 온 뒤 형제들과 태양열 산업에서 사업거리를 찾아보고, 그 분야에서 전문가가 되기로 결심한다. 형제들은 두 해 동안 연구 보고서를 읽고, 태양열 관련 회의에 참석하며 공부한다. 그러다가 태양 에너지 박람회에서 아주 기발한 아이디어가 떠올랐다. 태양열 장비 업체가 참가한 토론회였다.

사회자가 물었다.

"태양 전지판이 소비자가 감당하기에 너무 비쌉니다. 어떤 대책이 있나요?"

태양열 장비 업체 사람들의 답변은 한결같았다.

"지금보다 더 싸게 할 수는 없습니다."

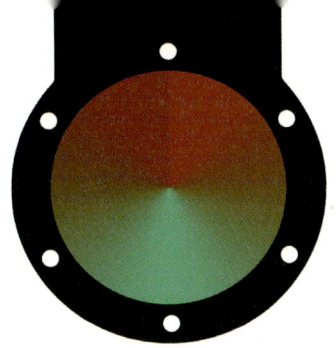

 뜻밖에도 답은 간단했다. 태양 전지판 값을 낮추거나 부담을 확실히 줄여 줘야 한다는 것이었다. 그때만 하더라도 소비자가 자기 집에 태양열 전지판을 설치하기가 쉽지 않았다. 비싼 전지판을 알아서 사야 하고, 그걸 설치해 줄 사람을 알아봐야 했다. 또 자기 집에 내리쬐는 햇볕이 전기를 일으킬 만한 것인지도 알 수 없었다. 게다가 해마다 전지판은 열 효율성이 더 좋아졌다. 그러니 태양열 에너지가 좋다는 것을 알고 있어도 자꾸 미룰 수밖에 없었다.

 라이브 형제는 2006년 솔라시티(SolarCity)를 세운다. 솔라시티는 다른 회사와 달리 전지판을 생산하지 않고 태양 전지판을 전문으로 생산하는 회사에서 산다. 솔라시티는 먼저 고객의 집에 찾아가 에너지 요금을 분석하고, 햇볕 양을 살펴보고 태양열 전지판을 설치하는 것이 나은지 아닌지를 판단한다. 그런 다음 타당성이 있으

면 설치 팀이 들어가 전지판을 설치하는 것이다.

이때 소비자는 전지판을 사지 않고 임대를 한다. 대신 달마다 빌린 값을 20년간 내는 것이다. 이렇게 하면 소비자는 처음에 목돈이 들지 않고, 달마다 임대료를 내더라도 그동안 써 왔던 전기나 가스 요금보다 싸다. 집을 팔 때는 계약을 끝내거나 새 주인이 받아 안을 수 있다. 그리고 임대 기간이 끝나면 열효율이 더 높은 새 전지판으로 교환할 수 있다. 머스크는 라이브 형제들의 사업 계획서를 읽고 기꺼이 투자를 한다. 머스크는 솔라시티 주식의 3분의 1을 갖고 회장이자 최대 주주가 된다.

이로부터 6년 뒤 솔라시티는 미국에서 가장 큰 태양 전지판 설치 업체가 된다. 경쟁사들은 너도나도 솔라시티의 사업 방식을 따라 하기에 바빴다. 여기에다 중국산 전지판이 시장에 들어오면서 태양 전지판 값이 떨어졌다. 전지판을 사 임대하는 솔라시티에게는 더없이 좋은 행운이었다. 솔라시티는 가정집 중심에서 국방부나 국토 안보부 같은 공공 기관, 인텔이나 월마트 같은 회사를 대상으로 영업 방향을 넓힌다. 2012년 머스크는 솔라시티 주식을 주식 시장에 내놓는데, 몇 달 동안 주식 값이 치솟아 2014년에는 기업 가치가 70억 달러(약 7조 8000억 원)를 넘어선다.

한 시간 동안 지구 표면에 닿는 태양 에너지 양은 인류가 1년 동안 쓰는 에너지 양과 비슷하다. 그런데 우리는 그 에너지를 제대로 쓰

지 못하고 있다. 머스크가 솔라시티 사업을 시작한 것은 바로 이 때문이다. 하지만 아직 태양 전지판의 열효율은 20퍼센트 안팎이다. 햇빛 에너지가 100이라면 20 남짓만 전기로 쓸 수 있다는 말이다.

    2014년부터 솔라시티는 테슬라와 협력하고 있다. 테슬라는 배터리 팩(Power Packs)을 냉장고만 한 상자에 담았다. 이 배터리 팩에 태양 전지판에서 일으킨 전기를 충전하여 저장하는 것이다. 가정집과 사업체는 낮 동안 배터리 팩에 전기를 저장해 두었다가 밤에 쓰는 것이다. 또 솔라시티는 테슬라가 미국 고속도로에 짓고 있는 슈퍼 충전소에 태양 전지판을 공급한다. 이 충전소는 태양 전지판으로 전기를 모았다가 테슬라 운전자들이 들러 공짜로 전기를 충전하는 곳이다. 모델S를 모는 운전자는 머스크가 바라는 생활양식을 받아들이면서 집에 태양 전지판을 설치한다. 이렇게 두 사업체는 서로 도움을 주고받고 있다. 그러니 테슬라 주식 값이 오르면 솔라시티 주식 값도 덩달아 오를 때가 많다.

    2014년 6월 솔라시티는 태양 전지판 회사 실레보를 2억 달러에 사들였다. 이렇게 되자 더 이상 전지판을 사 올 필요가 없어졌다. 그리고 열효율을 24퍼센트까지 끌어올릴 계획이다. 2015년 기준 솔라시티의 고객은 11만 명에 달하고, 2016년 미국 태양 전지판 제조와 설치 분야의 32퍼센트를 차지하고 있다. 2016년 8월 테슬라는 솔라시티를 26억 달러(약 2조 9000억 원)에 사들인다.

### 하이퍼루프, 서울에서 부산까지 16분

🌑 2013년 8월 머스크는 초고속 진공 열차 하이퍼루프(Hyperloop)를 놓자고 말한다. '하이퍼'는 뭔가를 초월하여 넘어선다는 것이고, '루프'는 고리나 회로를 뜻한다. 하이퍼루프는 거의 진공에 가까운 튜브 속을 캡슐이 달린다. 튜브 속을 거의 진공에 가깝게 하는 까닭은 공기 저항을 최대로 줄이기 위함이다.

2013년 캘리포니아주는 2029년까지 로스앤젤레스에서 샌프란시스코까지 600억 달러(약 67조 원)를 들여 고속 열차를 건설하겠다고 발표한다. 이 열차가 개통되면 로스앤젤레스에서 560킬로미터 떨어진 샌프란시스코까지 2시간 30분이면 갈 수 있다. 그런데 머스크가 보기에 이 고속 열차는 너무 느리다. 비행기로는 한 시간, 자동차로는 다섯 시간이 걸리는 거리이다. 그렇다면 '2시간 30분 고속 열차'는 그저 평범한 교통수단이 하나 더 늘어나는 것밖에 안 된다. 머스크는 하이퍼루프로 하면 건설 비용도 적게 들고 비행기보다 더 빠르다고 주장한다.

이 진공 열차는 첨단 교통수단이다. 머스크는 사람이나 화물을 캡슐에 싣고 튜브를 통해 로스앤젤레스에서 샌프란시스코까지 30분이면 갈 수 있다고 말한다. 캡슐을 포드(pod)라고도 한다. 포드는 비행기에서 연료·엔진·화물·무기를 실을 수 있는 몸체를 말한다. 그전에도 이와 비슷한 아이디어가 있었지만 머스크의 계획은

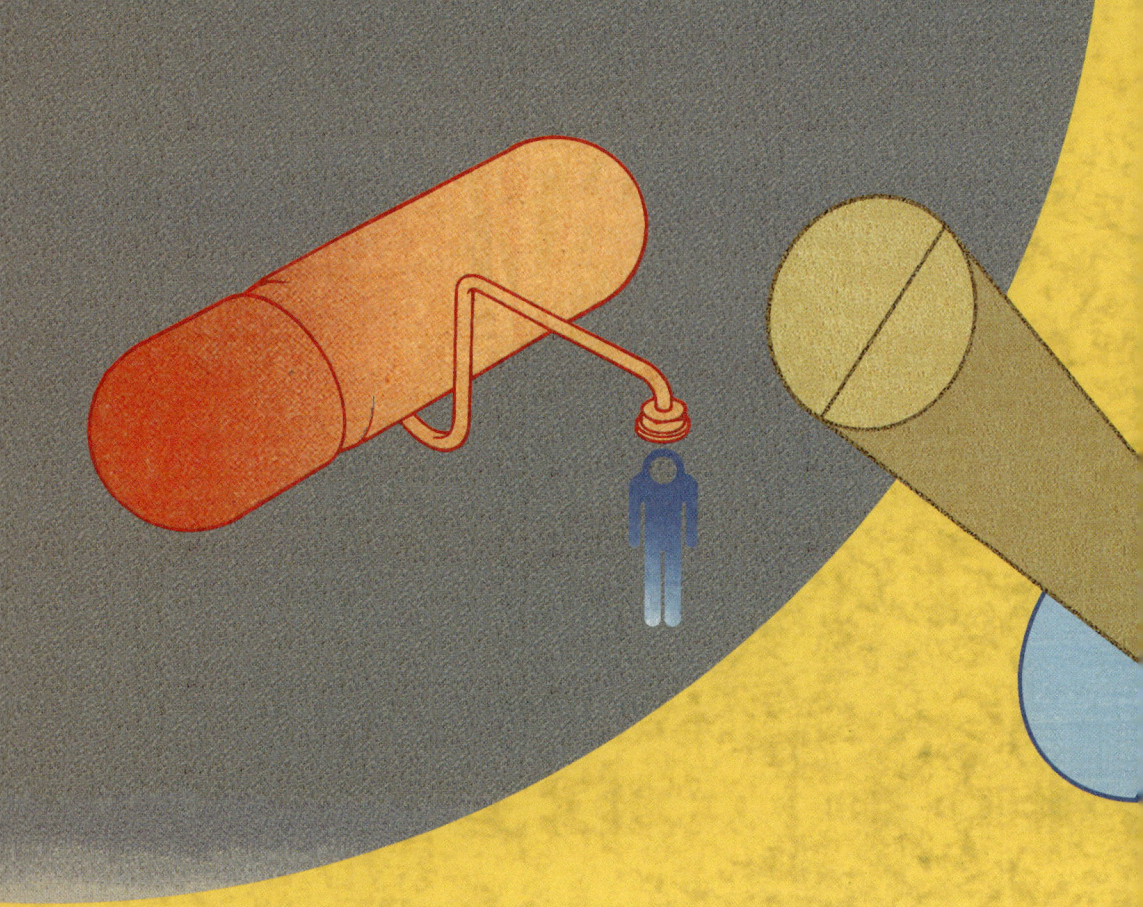

여기서 한 걸음 더 앞선 것이다.

 튜브 속을 저압으로 하고, 캡슐이 공기를 빨아들여 압축한 다음 캡슐 아래쪽으로 품어 캡슐을 살짝 뜨게 한다. 이때 자기 부상(磁氣浮上: 자석 자·기운 기·뜰 부·위 상) 원리도 함께 적용된다. 자석은 같은 극끼리 서로 밀어 낸다. 캡슐 바닥과 선로를 같은 극으로 하여 캡슐을 살짝 뜨게 하는 것이다. 그런 다음 앞에서 빨아들인 공기를

HYPERLOOP

전기 모터로 압축하여 뒤로 강하게 품으면 앞으로 나아가는 것이다. 캡슐이 선로 위를 살짝 뜬 채로 움직이면 마찰이 없기 때문에

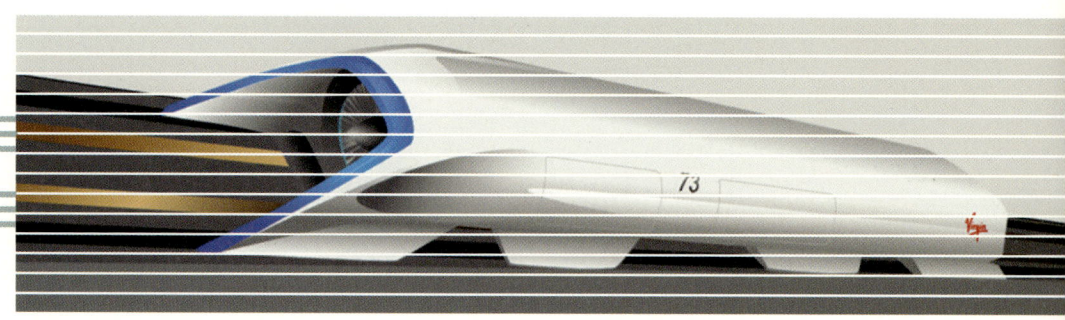

••• 하이퍼루프

고속으로 나아갈 수 있다. 이때 캡슐의 속도는 시속 1207킬로미터에 달한다. 물론 캡슐을 움직이는 에너지는 태양 에너지로 한다. 이 에너지는 튜브를 태양 전지판으로 감싸 거기에서 얻는다. 한 번 가는 데 12명에서 36명이 탈 수 있고, 화물칸이 따로 있다.

튜브의 지름은 5미터이고, 고속 철도 건설비의 3분의 2만큼 싸고, 건설 속도는 세 배 빠르다. 뿐만 아니라 요금도 고속 철도에 견주어 3분의 2 수준이다. 또 출발하는 시간이 정해져 있지 않고 고객이 원하는 시간에 출발할 수 있다. 30초마다 캡슐이 출발할 수 있다. 하이퍼루프를 운행하면 미국 동부 뉴햄프셔주 맨체스터에서 영국 런던까지 단 19분이면 갈 수 있다.

2014년 머스크는 회사 '하이퍼루프 원(Hyperloop One)'을 차린다. 이 회사는 지금 직원이 200명이고, 2020년에는 화물을 운반하고, 2021년에는 사람이 탈 수 있게 하는 것을 목표로 하고 있다. 2016년 11월 하이퍼루프 원은 두바이 도로 교통국과 두바이-아부

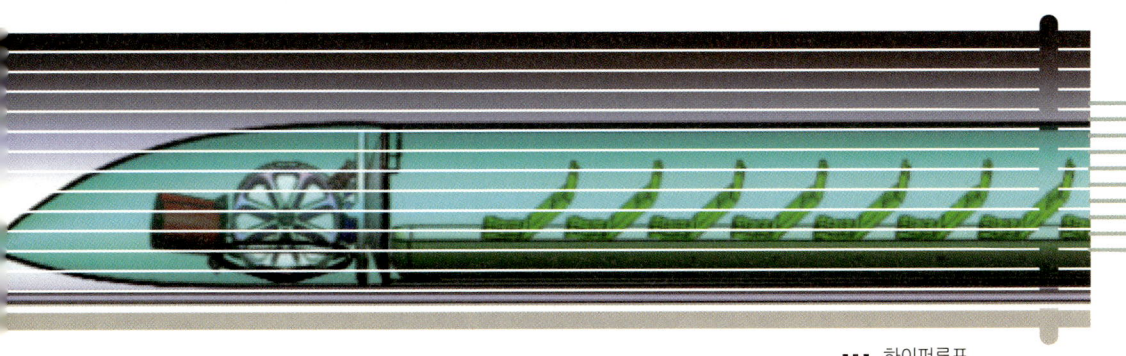

••• 하이퍼루프

다비 간 하이퍼루프 건설에 합의한다. 두바이에서 아부다비까지 160킬로미터이고, 자동차로 가면 두 시간이 걸린다. 그런데 하이퍼루프로 가면 12분이면 갈 수 있다.

 하이퍼루프를 이용하려면 먼저 고객은 소형 좌석, 공간이 넓은 좌석, 화물칸을 선택한다. 그러면 운영자는 고객에게 어디로 와야 할지 스마트폰으로 알려 준다. 고객이 정한 곳으로 가면 포드가 기다리고 있다. 포드에 타면 저절로 하이퍼루프 튜브로 움직인다. 포드 네 개가 이동용 캡슐에 차면 출발한다. 포드 세 개는 사람이 타고 나머지 하나는 화물을 싣는다. 목적지에 도착하면 다시 포드가 분리되어 도로나 가까이 있는 기차역까지 움직인다. 그야말로 공상 영화에 나오는 교통수단이 다가오고 있는 것이다. 만약 서울역에서 부산역까지 하이퍼루프로 가면 417킬로미터를 단 16분 만에 갈 수 있다.

••• 에필로그

## 그는 오늘도 새로운 일을 벌이고 있다!

스페이스엑스 본사는 로스앤젤레스 국제공항에서 좀 떨어진 캘리포니아주 호손에 있다. 머스크의 사무실로 가는 복도 벽에 화성 사진 두 장이 걸려 있는데, 왼쪽 사진은 우리가 과학 잡지나 신문에서 자주 보는 화성이다. 흙을 구슬처럼 뭉쳐 불에 구워 냈을 때처럼 화성은 온통 누런 흙빛이다. 그런데 오른쪽 사진은 마치 지구처럼 파란 바다가 있고, 뭍은 풀빛이다. 그리고 대기층이 있어 구름이 보인다. 지구와 거의 같은 모습이다.

그의 최종 목표는 화성을 인류가 이주해 살 수 있게 개척하는 것이다. 사람들은 머스크가 왜 이런 목표를 정했는지 잘 모른다. 또 지구를 사람이 살기 좋게 가꾸면 되지 굳이 엄청난 돈을 들여 화성까지 갈 필요가 있느냐, 하는 사람들도 있다. 하지만 그에게는 이런 말이 잘 들리지 않는다. 그는 어린 아이처럼 그 꿈을 놓지 않고 나아갈 뿐이다.

"로켓을 하루에도 몇 번씩 발사할 수 있어야 합니다. 화성에서 인간이 자급자족할 수 있게 해야 합니다. 그러려면 사람과 도구를 싣고 가야 하죠. 그렇다면 발사를 몇 번이나 해야 할까요? 한 번에 100명을 화성으로 보낼 수 있다 치더라도 100만 명을 보내려면 로켓을 1만 번은 발사해야 합니다."

지금까지 인류는 제2의 지구로 화성을 생각하고 있다. 자전 주

기가 24시간 37분으로 지구와 거의 비슷하고, 자전축도 지구(23.5도)와 비슷하게 25도 기울어져 있다. 북쪽은 두꺼운 얼음으로 뒤덮여 있어 이 얼음만 녹이면 지구 환경과 비슷해질 수 있다.

지금과 같은 속도로 지구 온난화가 진행되고 인구가 늘어 자연환경이 파괴되면 인류는 지구에서 더 이상 살 수 없을지 모른다. 머스크는 그때 가서 준비하면 이미 늦는다고 한다. 그전에 화성에 갈 준비를 차근차근 해 놔야 한다는 것이다. 지금 당장 화성으로 사람을 보낼 수 있는 로켓은 없다. 머스크는 우주선을 완벽하게 만들기까지 시간을 벌고 싶다. 그래서 생각해 낸 것이 전기 자동차이고, 태양광 발전이다. 화석 연료를 조금이라도 아끼고 싶은 것이다. 태양광에서 얻는 전기로 자동차를 움직인다면 그만큼 화석 연료를 아낄 수 있다. 또 집이나 회사에서 쓰는 전기를 태양광 전지판에서 얻는 전기로

바꾸는 것 또한 마찬가지이다. 아직 화성 개척을 위한 우주 왕복선을 만들지는 못했지만, 이제 그에게 "너 미쳤구나!" 하고 비웃는 사람은 없다. 오히려 그의 꿈을 궁금해 하는 이들이 늘고 있다.

머스크가 네 사업체에서 고용한 노동자는 2016년 기준으로 3만 3000명을 넘어서고 있다. 미국의 재능 있는 젊은이들은 테슬라와 스페이스엑스에 들어가고 싶어 한다. 왜냐하면 미국에서 유일하게 새로운 일을 할 수 있고, 흥미진진한 제품을 만들 수 있기 때문이다.

미국의 뛰어난 인재들이 인터넷 서비스 개발과 애플리케이션 제작에 빠져 있을 때 그는 전기 자동차를 만들고, 로켓을 쏘아 올리고 있다. 그리고 수많은 노동자를 고용하고 있다. 그는 미국에서 가장 혁신적인 사업가로 평가받고 있다. 그는 컴퓨터 모니터와 스마트폰 화면에서 벗어나 공장에서 금속 제품을 생산한다. 더구나 그 일은 보통 사람이라면 엄두가 나지 않는 일이다. 그는 개척자이고, 미국 사람에게 새로운 길을 보여 주고, 더 나은 생활양식을 창조하고 있다. 그런 의미에서 그는 가장 '미국적인 사업가'라 할 수 있다. 머스크 덕택에 미국은 다시 우주 항공 산업의 종주국이 될 것이고, 전기 자동차가 오가는 교통 체계를 갖출 것이다. 또한 하이퍼루프를 통해 세상은 더 가까워질 것이다. 그의 재산은 140억 달러(약 16조 원)에 달한다. 그는 한때 회사 사정이 힘들어 하고 싶은 일이 있어도 못할 때가 많았다. 하지만 이제는 하고 싶은 일이 있으면 못할 것이 없다.

그는 지금도 여전히 새로운 일을 벌이고 있다!

**지은이 김찬곤**

1998년부터 2006년까지 어린이 신문 〈굴렁쇠〉 발행·편집인으로 일했습니다.
지금까지 쓴 책으로는 《문화유산으로 보는 역사 한마당 ①·②·③》, 《이원수의 동요동시 연구》,
《인간답게 평등하게 그래서 인권》, 《강직한의 파란만장 시장 도전기》, 《세금을 지켜라!》,
《조선왕조실록, 목숨을 걸고 기록한 사실》, 《삼국유사, 역사가 된 기이한 이야기》가 있고,
엮은 책으로는 《선생님도 몰래 해 보세요》, 《까치도 삐죽이가 무서워서 까악》,
《우리네 마음속에는 이야기가 산다》가 있습니다.

**그린이 이부록**

인천에서 태어나 서울대학교 동양화과를 졸업했습니다. 그림뿐 아니라 설치,
참여 미술 프로젝트 등 다양한 작업을 통해 사회에 말 걸기를 시도하고 있습니다.
《기억의 반대편 세계에서-워바타》, 《세계 인권 선언》을 펴내고, 《일곱 가지 밤》,
《동양철학 에세이》, 《열하일기, 새로운 세상을 꿈꾸다》 등에 그림을 그렸습니다.

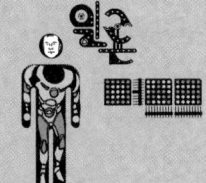

**일론 머스크, 상상한 대로 이루다**

2017년 11월 30일 1판 1쇄

**지은이** 김찬곤 | **그린이** 이부록

**편집** 최일주, 이혜정, 김인혜 | **교정** 한지연 | **디자인** 이현주 | **제작** 박흥기
**마케팅** 이병규, 이민정 | **인쇄** 코리아피앤피 | **제책** J&D 바인텍

**펴낸이** 강맑실 **펴낸곳** (주)사계절출판사 **등록** 제406-2003-034호
**주소** (우)10881 경기도 파주시 회동길 252
**전화** 031)955-8588, 8558 | **전송** 마케팅부 031)955-8595, 편집부 031)955-8596
**홈페이지** www.sakyejul.co.kr | **전자우편** skj@sakyejul.co.kr
**독자 카페** 사계절 책 향기가 나는 집 cafe.naver.com/sakyejul
**트위터** twitter.com/sakyejul | **페이스북** facebook.com/sakyejul

ⓒ 김찬곤, 이부록 2017

사진: 8쪽 일론 머스크, 77쪽 드래건, 78쪽 팰컨 9호, 107쪽 모델S, 122~123쪽
하이퍼루프 ⓒ 위키미디어 공용 | 14쪽 메이 머스크, 92쪽 화성 계획 ⓒ 연합뉴스

값은 뒤표지에 적혀 있습니다. 잘못 만든 책은 구입하신 서점에서 바꾸어 드립니다.

사계절출판사는 성장의 의미를 생각합니다. 사계절출판사는 독자 여러분의 의견에 늘 귀 기울이고 있습니다.

979-11-6094-329-0 73990
979-11-6094-333-7(세트)

이 책의 국립중앙도서관 출판시도서목록(CIP)은 다음 홈페이지에서 이용할 수 있습니다.
http://www.nl.go.kr/ecip CIP제어번호: CIP2017030626